流金文丛

傅斯年札记

傅斯年 著

商务印书馆

出版前言

岁月流沙，时光在俯仰之间不经意中从我们指尖滑落；岁月流金，光阴在云起云落的当儿，世人创造了多少辉煌的业绩，铸就了社会的文明与进步。流沙是岁月之花，流金是岁月之果。

我们出版这套“流金文丛”，旨在梳理扒抉现当代文人墨客的“流金”——性情之作，即闲适的零墨散笺。这些作品多为作者在月光里、芭蕉下、古砚边搦管挥毫的闲情偶寄，或是在花笺上信手点染的斗方小品。这些佳构华章，曾星散在历史卷宗的字行间，有的不大为人注目，我们将这些吉光片羽珠串结集于斯。丛书内容丰赡、题材多样：书简、日记、随笔、辞章或其他，类盘中的珠玉，似掌上的紫砂，如心中的玫瑰，可赏可玩可品；然又不失思想，不阙情趣，不乏品位。

我们多么希望这套“流金文丛”能流入阁下的书斋，站在你的书架上。

编辑说明

1. 本辑六种书所收篇目部分为20世纪上半叶刊布，其语言习惯、遣词造句等有较明显的时代印痕，且作者自有其文字风格，为尊重历史和作者均依原版本照录。

2. 原书专名（人名、地名、术语等）及译名与今不统一者，亦不作改动；若同一专名在同书、同文内译法不一，则加以统一。如确系作者笔误、排印舛误、数据计算与外文拼写错误等，则予径改。

3. 数字、标点符号的用法，在不损害原义的情况下，从现行规范统一校订。

4. 原书因年代久远而字迹模糊或纸页残缺者，据所缺字数用“口”表示。

5. 编校过程中对前人整理成果多有借鉴，谨表谢意。特别要感谢梅贻琦侄儿梅祖麟、罗家伦女儿罗久芳、成仿吾女儿成其谦的鼎力支持。

目录

世事杂记

《新潮》发刊旨趣书*

《新潮》者，北京大学学生集合同好，撰辑之月刊杂志也。北京大学之生命已历二十一年，而学生之自动刊物，不幸迟至今日然后出版。向者吾校性质虽取法于外国大学，实与历史上所谓“国学”者一贯，未足列于世界大学之林；今日幸能脱弃旧型，入于轨道。向者吾校作用虽曰培植学业，而所成就者要不过一般社会服务之人，与学问之发展无与；今日幸能正其目的，以大学之正义为心。又向者吾校风气不能自别于一般社会，凡所培植皆适于今日社会之人也；今日幸能渐入世界潮流，欲为未来中国社会作之先导。本此精神，循此途径，期之以十年，则今日之大学固来日中国一切新学术之策源地；而大学之思潮未必不可普遍中国，影响无量。同人等学业浅陋，逢此转移之会，虽不敢以此弘业妄自负荷，要当竭尽思力，勉为一二分之赞助。一则以吾校真精神喻于国

* 本文发表时未署个人名。——编者注

人，二则为将来之真学者鼓动兴趣。同人等深惭不能自致于真学者之列，特发愿为人作前驱而已。名曰《新潮》，其义可知也。

今日出版界之职务，莫先于唤起国人对于本国学术之自觉心。今试问当代思想之潮流如何？中国在此思想潮流中位置如何？国人正复茫然昧然，未辨天之高地之厚也。其敢于自用者竟谓本国学术可以离世界趋势而独立。夫学术原无所谓国别，更不以方土易其质性。今外中国于世界思想潮流，直不啻自绝于人世。既不于现在有所不满，自不能于未来者努力获求。长此因循，何时达旦？寻其所由，皆缘不辨西土文化之美隆如彼，又不察今日中国学术之枯槁如此；于人于己两无所知，因而不自觉其形秽。同人等以为国人所宜最先知者有四事：第一，今日世界文化至于若何阶级？第二，现代思潮本何趣向而行？第三，中国情状去现代思潮辽阔之度如何？第四，以何方术纳中国于思潮之轨？持此四者刻刻在心，然后可云对于本国学术之地位有自觉心，然后可以渐渐导引此“块然独存”之中国同沿于世界文化之流也。此本志之第一责任也。

中国社会形质极为奇异。西人观察者恒谓中国有群众而无社会，又谓中国社会为二千年前之初民宗法社会，不适于今日。寻其实际，此言是矣。盖中国人本无生活可言，更有何社会真义可说？若干恶劣习俗，若干无灵性的人生规律，桎梏行为，宰割心性，以造成所谓蚩蚩之氓；生活意趣，全无从领略。犹之犬羊，于己身生死地位、意义，茫然未知。此真今日之大戚也。同人等深愿为不平之鸣，兼谈所以因革之方。虽学浅不足任此弘业，要不忍弃而弗论也。此本志之第二责任也。

群众对于学术无爱好心，其结果不特学术消沉而已，堕落民德为尤臣。不曾研诣学问之人恒昧于因果之关系，审理不了而后有苟且之行。又，学术者深入其中，自能率意而行，不为情牵。对于学术负责任，则外物不足萦惑，以学业所得为辛劳疾苦莫大之酬，则一切牺牲尽可得精神上之酬偿。试观吾国宋明之季甚多独行之士，虽风俗堕落、政治沦胥，此若干"阿其所好"之人终不以众浊易其常节。又观西洋"Renaissance"与"Reformation"时代，学者奋力与世界魔力战，辛苦而不辞，死之而不悔。若是者岂真好苦恶乐，异夫人之情耶？彼能于真理真知灼见，故不为社会所征服；又以有学业鼓舞其气，故能称心而行，一往不返。中国群德堕落，苟且之行遍于国中。寻其由来：一则原于因果观念不明，不辨何者为可，何者为不可；二则原于缺乏培植"不破性质"之动力，国人不觉何者谓"称心为好"。此二者又皆本于群众对于学术无爱好心。同人不敏，窃愿鼓动学术上之兴趣。此本志之第三责任也。

本志同人皆今日学生，或两年前曾为学生者，对于今日一般同学，当然怀极厚之同情，挟无量之希望。观察情实，乃觉今日最危险者，无过于青年学生。迩者恶人模型，思想厉鬼，遍于国中，有心人深以为忧。然但能不传谬种，则此辈相将就木之日，即中国进于福利之年。无如若辈专意鼓簧，制造无量恶魔子，子又生孙，孙又生子，长此不匮，真是殷忧。本志发愿协助中等学校之同学，力求精神上脱离此类感化。于修学立身之方法与径途，尽力研求，喻之于众。特辟出版界评、故书新评两栏，商榷读书之谊（此两栏中就书籍本身之价值批评者甚少，借以讨论读书之方法者甚多），其他更有专文论次。总期海内同学去遗传的科举思想，进于现世的科学思想；去主观的武断思想，进于客观的怀疑思想；为未来社会之人，不为现在社会之人；造成战胜社会之人格，不为社会所战胜之人格。同人浅陋，惟有本此希望奋勉而已。此本志之第四责任也。

本志主张，以为群众不宜消灭个性。故同人意旨，尽不必一致，但挟同一之希望，遵差近之径途，小节出入，所不能免者。若读者以“自相矛盾”见责，则同人不特不讳言之，且将引为荣幸。又本志以批评为精神，不取乎“庸德之行，庸言之谨”。若读者以“不能持平”腾诮，则同人更所乐闻。

既以批评为精神，自不免有时与人立异，读者或易误会，兹声明其旨。立异之目的若仅在于立异而止，则此立异为无谓。如不以立异为心，而在感化他人，但能本“哀矜勿喜”之情，虽言词快意为之，要亦无伤德义。同人等所以不讳讥评者，诚缘有所感动，不能自已于言。见人迷离，理宜促其自觉之心，以启其向上之路：非敢立异以为高。故凡能以学问为心者莫不推诚相与。苟不至于不可救药，决不为不能容受之诮让。然而世有学问流于左道，而伪言伪旨足以惑人者，斯惟直发其覆，以免他人重堕迷障。同人等皆是不经阅历之学生，气盛性直，但知“称心为好”，既不愿顾此虑彼，尤恨世人多多顾虑者。读者想能体会兹意，鉴其狂简也。

本志虽曰发挥吾校真精神，然读者若竟以同人言论代表大学学生之思潮，又为过当。大学学生二千人，同人则不逾二十，略含私人集合之性质；所有言论由作者自负之，由社员共同负之。苟有急进之词，自是社中主张，断不可误以大学通身当之。

发刊伊始，诸待匡正，如承读者赐以指教，最所欢迎。将特辟通信一栏，专供社外人批评质询焉。

（原载 1919 年 1 月 1 日《新潮》第一卷第一号）

社会——群众

中国一般的社会,有社会实质的绝少;大多数的社会,不过是群众罢了。凡名称其实的社会——有能力的社会,有机体的社会——总要有个密细的组织,健全的活动力。若果仅仅散沙一盘,只好说是“乌合之众”。十个中国人,所成就的,竟有时不敌一个西洋人。这固然有许多缘故:也因为西洋人所凭托的社会,是健全的,所以个人的能力,有机会发展;中国人所凭托的社会,只是群众,只是有名无实,所以个人的能力,就无从发展。把矿物做比喻,西洋社会,是多边形复式的结晶体;中国社会,是附着在岩石上半沙半石的结合。

先把政治上的社会做个例:一个官署,全是“乌合之众”。所做的事,不过是“照例”的办法,纸篇上的文章,何尝有活动力?何尝有组织?不过是无机体罢咧!至于官署以外,官吏中所组织的团体,除去做些破坏的事情,不生产的事情,不道德的事情,也就没别事做了。只好称他群众了。又如工商界的组织,虽然比政界稍好些。然而同业的人,集成的“行”,多半没能力的。又如近来产生的工商会，比起西洋的来，能力也算薄弱多了——这仍然是社会其名，群众其实。至于乡下的老百姓，更是散沙，更少社会的集合。看起中国农民，全没自治能力，就可知道他们止有群众生活。

说到学生的生活，也是群众的，不是社会的。就以北京各高级学校而论，学生自动的组织，能有几个？有精神的生活，能有多少？整日的光阴，全耗费在“胡思”“幻想”和“谈天”“消遣”里边。兼有顾亭林说的南北两派学者之病——“言不及义”“无所用心”。每天下课的时候，课堂上休息的时候和吃过晚饭以后，总是三五成群，聚成一堆，天上一句，地下一句，用来“遣时”。若是把这废弃的光阴，移在自动的组织上，岂不大好？然而总是不肯的。所以这样的生活，只可算做在群众里边，做散沙的一分子。

总而言之，中国人有群众无社会，并且欢喜群众的生活，不欢喜社会的生活；觉得群众的生活舒服，社会的生活不舒服。

还有一层，“社会上之秩序”和“社会内之秩序”，很有分别。前者谓社会表面上的安宁，后者谓社会组织上的系统。二名虽差在一个虚字，却不可把两种秩序混为一谈呢。一切社会表面的秩序，除非当政府昏乱——像一年以来，某派的穷兵黩武——是不容易破坏了的。所以袁世凯当国时代，处处都是死气，大家却还说他能保持社会的秩序。但是这表面上的秩序，尚是第二层紧要，比不上社会内的秩序关系重大。

现在中国社会内部里的秩序，实在是七岔八乱。一个人今天做买卖，明天做起官来了；去年当工程师，今年当政客了。任凭什么职业，谁都干得来，谁都干不来。给他干就干得来，不给他干就干不来。这是社会组织的系统缺乏秩序的一端。又如在一种职业以内，譬如在一衙门当差，若是靠着辛辛勤勤，做按部就班的事情，就不免“冯公白首，屈于郎署”。若是不注重自己应办的事，去干些蝇营狗苟，一定能够躁进。又譬如在一家店铺内，稳稳当当的做事，隔几个月加一回薪水的事，是不容易有的。全不给人一个向上的机会，那些长久守着。只好今天改这行，明天改那行，弄得社会就七岔八乱了。这又是不照秩序的一端。这样事随处可见，也不必多举。总而言之，中国社会的内部，不是有条理的：易词言之，是大半不就轨道的。生出的恶果，也无可数。其最显著、其最祸害的：第一，是社会上多失职和不称职的人；第二，是使社会不健全了。

（原载 1919 年 2 月 1 日《新潮》第一卷第二号）

随感录（四则）*

一

现在骂我们的人真是多极了，有几个人和几家报纸竟似以骂我们为职业样的。在这些话头里实在很难找出几条可以纠正我们的。不是“人首畜鸣”的形容词、“祖龙一炬”的愿欲词，就是混混沌沌的非难词，最了不得的还是些逻辑上有点欠通的话。其实我们何尝算什么了不得的呢，然而竟碰不到一个可以使我们戒惧的敌人，真是我们的不幸了。说到这里，不由得心灰意淡，胸膛上像用冰冰过一般：眼看这死气沉沉的中国，由灰色变成黑色。

起先我对于骂我们的话还要看看，后来觉得时间来不及，竟不看了。但是这些话头里也有一条很可注意的，就是“你们并不配创造新文学”！

配不配之间，你要讲究，新文学三个大字也不是可以囫

* “随感录”是《新青年》的一个栏目。《新潮》上发表的这几篇，就是和《新青年》相呼应的。——编者注

囫吞枣的，若是这样的一呵之后，接着说道，“你们可再也不要开口了”！像东京的一个留学生远远的寄一帖膏药把我——我们却不敢领教。新文学固不是可以随便做到的，然而做新文学的个前驱，的个萌芽，的个雏形，未见就是不可能：日月之光固不配，日月未出以前的爝火之光，未见就是不配。中国人的老脾气是“不以众人待其身，而以圣人望于人”。对于因循的人，总给几个开心丸吃；若有不安于因循的，大家就要逼着他立时给人十全的成就看看；立时拿不出来，便被人家鼻孔里哼出一道冷气，连声的说，“不兴不兴”！社会上的烦恶新机，真“如农夫之务去草”，“绝其根本，勿使能殖”！

但是话虽如此，我们还要承认我们不是天才。惟其承认不是天才，更要努力，看这人造才比天才究竟差得怎样。

天才真不易遇到，有时一生之中，看不出谁是天才。这不是说没有天才，是说天才不容易看出来。任凭甚么时候，都有若干了不得的人物。天才决不会稳稳的停在社会中间，不是社会把他挤到顶上去，就是社会把他紧紧压到底下来。挤到顶上让他发泄的时候，万不得已：通常总是把个两三丈高的石碑放在他背上，让他脊椎横断，七窍流血，到死不得翻身。从来社会待天才是这样的，所以历史上的色彩老是不鲜明。我们幸而不是天才，还不受这样的待遇，还许我们喘气。趁这喘气的时光，留心天才，挤他到顶上去。他有成就，也和我自己一样，反正是人类的成就。至于对于一般的人，大可有什么用什么，很不必客气，因为客气最对不住人。一句话说，我们的行径要“见善若惊，疾恶如仇”。

惊的结果必至于给自己添无数苦恼，仇的结果更要吃无数的亏了。然而人生不过百年，吃亏不过一死；盖棺是大家不免的，盖棺以后，还有甚么赚便宜吃亏呢？个人是人类向着“人性”上走的无尽长阶上一个石级，只要把这一级的职分尽了，那普遍的价值永不消灭。

我们须得提着灯笼沿街寻“超人”，拿着棍子沿街打魔鬼。一旦魔鬼反手，把我们打死，全算该当就是了。

二

除去遗世独立的狂人而外，世上常见的狂人大约有三类。一是色狂，二是利狂，三是名狂。

色狂的人满脑袋里装着许多生殖器，他的神昏气殆不消说了；利狂的人被一个大钱的孔套在脖子上，上气不接下气，他的可怜也不消说了。社会对这些还不百般的恭维，就是暗地里崇拜，还不见得明目张胆的恭维去。独有名狂一项，大家以为是最好的：得名狂病的人，终是求名得名，如愿以偿。大家看到有这类的妙用，就要群起效法了。他们骨子里面还不是爱名，以为名中自有黄金屋！名中自有千钟粟！名中自有颜如玉！人的事业和学问，全仗着清明的心境，冷透的眼力，安静的态度。诸葛亮说："非淡泊无以明志，非宁静无以致远。"这话从不好的方面想来，好像有几分道士气，但是其中也有一部分的真理存在。必定心神守得住，才真能有心得呀！

社会中制造各样人形颠倒，各个人物的权威就是名。名是一种偶像。把它看破，一文钱也不值了。

社会待人分两等：一等冷，一等热。冷到极处，像水一般，可不能加了。被水的人虽难过，还能勉强忍得。热到极处，"被恭维得烙铁一般的热"——这是社会上的常态——可就断难忍住了，还不若一刀杀断的刑罚好受。名的实效是一把红烙铁！——大家认清楚者。

也有好名而无害的人。陶潜好名心重达于极点，却也有超于无数人的成就：因为他求没有名的名，不求生前的名。

必不得已而好名，还是求身后之名。

三

屈平是中国第一个文人，不特就时代而论他最早，就是就价值而论他也最高。他说："长太息以掩涕兮，哀民生之多艰。"文人的感情，文人的意念，必当如此。

从他以后，文人的出产累累不绝了。其中自然也有几个真可崇敬的，但是下流不堪的占百分的九十九。问他何以下流呢？我答道，为他专门发挥肉欲的缘故。他们不特自己崇拜肉欲，并且把一切肉欲都说得神圣了，引诱无数的人赴狗男女的大壑。譬如狎妓，是人格所不许的，偏偏古今的文人都以为韵事；引诱良家妇人更发生法律问题，文人却津津乐道，毫不以为是自己的耻辱。至于热衷的心理，乖戾的气象，一般文人更以为非此不足以为文人。譬如司马相如的《大人赋》，这个“乌托邦”就真不堪了，都是些饮食、男女、宫室、车马的愿欲充满到极处的话，没有丝毫理性上的了解。程老大说文人“玩物丧志”，其实比“玩物丧志”罪加十等。因为一般文人脑袋里所盛满的都是些酒食、生殖器、皇帝老爷。文人做到手，“人”可就掉了。

文人所最要做的是大官，平日总在那里梦想“相国风流”。“相国”还不威武，又在那里梦想“将军气概”。我曾在唐人律诗里找出四句可以表现文人的中枢意念的：两句是杜甫的“一卧沧江惊岁晚，几回青琐点朝班”；两句是刘长卿的“建牙吹角不闻喧，三十登坛众所尊”。这四句是文人心理上的“入相出将”——失意的入相，得意的出将。有的人竟是以将相自负，有的人不过口里随便说说，以为不这样不足以为文士；谈说惯了，就不免一阵一阵发昏，忘了天高地厚皇帝远，自己是一副甚样嘴脸。胡闹像杜甫，也在那里以皋陶、契稷自负，老着脸儿说："致君尧舜上，再使风俗淳。"然而"出将入相"的戏台不过在心上过来过去，毕竟还是"功名从此负心初"，一生做人的清客。清客是一方面"便辟、善柔、便佞"，无所不至；一方又露出傲骨嶙嶙的像道来。这样热衷还不到家，竟有李商隐一流人，老实着说："君王不得为天子，只为当年赋洛神。"充满这句的意思，直是吴起的杀妻主义了。

名士是文人的别号，我们现在可以说名士是文人的第一位。做名士的不可不发挥肉欲，肉欲里的第一条是男女。所以要做名士的人第一步是想像出一个对手的美人，好来嗟叹、咏歌，"不知手之舞之，足之蹈之"。起初是造想像的美人，后来更进一属，性格（Sex）顿变，居然在文字上给自己搽脂抹粉起来，俨然是一位美人了。美人是文人的第二位。然而宋玉、潘岳一流的人毕竟太少，左思、罗隐一流人占大多数，用上吃奶的力气弄脂粉，毕竟不像，其结果字里行间不见美人，但见"龙阳才子"的气象。龙阳是文人的第三位。合起名士、美人、龙阳三件事物来，就成了文人的三位一体。这不是我好骂人，请看古今的文人以妓女自况的有多少，现在更有几位三四等的文人，居然以像姑比喻自己的身世。文人的成就真算圆满了，所恨者"幸而为男，差无床箦之辱耳"——"幸"该说"不幸"，"辱"该说"荣"。

念上几部诗文集就要这样，自己做几回更是服毒。或者二十岁以下的人不曾受毒气，“救救孩子”！

“哀民生之多艰”的文学家——这是我对于未来中国所要求的！

四

文章大概可以分做外发（Expressive）和内涵（Impressive）两种。外发的文章很容易看，很容易忘；内涵的文章不容易看，也不容易忘。中国人做文章，止知道外发，不知道内涵。因为乃祖乃宗做过许多代的八股和策论，后代有遗传性的关系，实在难得领略有内涵滋味的文。做点浮飘飘的、油汪汪的文章，大家大叫以为文豪；做点可以留个印象在懂得的人的脑子里的文章，就要被骂为“不通”“脑昏”“头脑不清楚”“可怜”了！

《新青年》里有一位鲁迅先生和一位唐俟先生是能做内涵的文章的。我固不能说他们的文章就是逼真托尔斯泰、尼采的调头，北欧中欧式的文学，然而实在是《新青年》里一位健者。至于有人不能领略他的意思和文辞，是当然不必怪。果然我今天在上海一家报的什么“泼克”上①，看见骂他的

① 上海《时事新报》的星期图画增刊。——编者注

《新教训》，说“他头脑不清楚，可怜”！

我对于这“头脑不清楚”一句话有个很好的比喻。譬如一位俄国的文学家，相貌很怪的，思想很不正常的，说话很奇的，旅行到世界最多妓女的意大利一个城里，被一个妓女看到了，他的话又被这妓女听了。这妓女很以为怪，连着说，“头脑不清楚，可怜”！这现象是当然。人和人的心境不同，断不能都相了解。

我平素常想，若是有人骂我，必须回答时，最要紧的是要把骂我的话看清楚了，懂透彻了，然后就他的本源之地驳去。若是丢开本题，专弄几句不相干的话回敬，既没有打赢官司的希望，更糟蹋了自己的纸墨。像这位署名“记者”的《新教训》真是驴唇不对马嘴；若是把他原来的两次骂人画，一次骂废汉字的是狗心，一次骂某君崇拜外国偶像，而且“轻佻”“狂妄”等等，和鲁迅先生对他作进步的美术家的要求一则随感录（见《新青年》六卷一号）、唐俟先生批评他的一则随感录（见《新青年》六卷二号），再加上他这一段《新教训》，就真好看了，只可惜我们《新潮》没有这些闲钱。鲁先生对他作进步的美术家的要求，碰了一鼻子灰；唐先生对他那画里说的读罗马字时，全是外国狗叫不以为然，他就说“一个问题”“又一个问题”……（可怜）。他这心理原好分析，一则是不愿长进，不愿作有思想的讽刺画，只要作无理性的骂人画；二则是——或者——维持他们贵“泼克”骂人的专利；三则是不肯服气（就是他们贵报所说的“怙恶”）。但是负气还有什么效果呢？他既然没有什么道理说，我现在当然也没有什么道理驳——况且我是局外人。

然而我觉得唐、鲁两位先生也不免多事。上海的一般自以为的文艺家、美术家、评剧家——一般的“洋场少年”——生就一副滑头面孔，挟着一副鸽子英文，买到几本炭铅画帖，运用几部肉麻的骈文诗词，去赚不够用的钱，欠还不清的嫖账；又是一天吃到晚，神经细胞都起变态，好比背上驮着很长的一个石碑，喘气不得，还有什么工夫去“思想”，去“进步”，去作正义的讽刺？老实说，上海一块地的空气真是该经洪水的了。有见解的人自然要造几个独木舟——越多越好——若是大家终不觉得，必欲翻车而后快，也只好由他。人各有所好，画春宫的以为春宫是美术；打脸谱的以为脸谱是美术，由他以为美术去就是了。觉悟后再说，那时说了才有益（上个星期他这“泼克”上还印着一个什么娘的“玉照”）。

有位好事的医生，看到有那种症候的人，就要注射六零六。偏有一般有那种症候的人不以为苦，觉得一旦而成疮，“红肿之处，艳如桃花；溃烂之时，美如乳酪”。这位医生的好事，直不啻剥夺了他的人权，削去了他的自由。那一般的什么家抱着他那样的画儿文儿，未尝不以为“艳如桃花”，“美如乳酪”，早经登峰造极了，还有什么叫作进步？所以“这进步的美术家”的要求是多事。

这位所谓美术家又谈什么偶像。泛说起来，任凭天地间什么事物，都像偶像，没有古今，也没有中外。某甲破坏了一种偶像，而他自己所树立的、用来破坏某种偶像的，过了些年，又成偶像。无论何人，都不能自以为他自己所据的永远不会成偶像。反过来说，天地间的进化，全靠新偶像代替旧偶像，决不是惟一真理代替偶像，因为惟一真理不是人——或者当说现在的人——所能晓得的。觉得别人的是偶像，所以要去破坏，觉得自己的或者也不免是偶像，所以一旦发明了一个更新的——就是较好的——便可把旧有的弃掉，不必牢牢守着。若是说，某某道理于人生有害，使人类不能进化，就是偶像，就当破坏，然而别人也不妨说人生进化都像偶像。甚而至于摆脱世界上一切拘束——一切偶像——去求真生、永生，而真生、永生更是两个大偶像。基督教劝人不要拜偶像，而尼采说，基督教就是偶像。尼采是位极端破坏偶像家，而尼采式的超人也不免是一种偶像。中国的老子极端破坏偶像，而他的“绝学无忧”还不免是偶像。做人到了出世，发议论到了阮籍的“大人先生”，任凭翻上十万八千筋斗，终打不出“世界大偶像”的范围。

但是，虽然古今中外都不免像偶像，而我们在一堆分不清楚的偶像和非偶像中，也有法子选择。这法子就是认明白时代的关系。但凡适于当时的、对于当时最多数的人类有平等的利益的，都认以为非偶像，反是，都认以为偶像。若是，问为什么要顾"人类"和"利益"呢？难道"人类""利益"不也是偶像吗？我却无从回答，只好说我的直觉这样，并且我觉得别人的直觉也是这样。一人乐不如大家乐，死了不如活着。既然认清时代了，我们应当晓得我们不是三皇五帝时候的人，又不是一百〇一世纪时候的人。由前一说，我们不必保护三皇五帝时代的"非偶像"；由后一说，我们也不必相信自己的道理到了一百〇一世纪还不成偶像。这只有比较的差别，人世上没有绝对的道理、"天经地义"。孔丘当年把神的知识转成历史的知识，我们若是和孔丘同时，定要崇拜他，上他个"偶像破坏家"的高号；但是到现在，孔丘又是偶像了。孔丘说："述而不作，信而好古，窃比于我老彭。"尼采说："让每件东西的价值都被你重新决定。"或者更过几世纪，尼采这话又成偶像，也未可知。果真成偶像，成得很快，尼采死而有灵，必是不怒而喜。孔丘若有"在天之灵"，看见现在许多人说他是偶像，也必然不怒而喜。这样，才见人的人性。而人类的进化，全仗这偶像的新陈代谢。五通神到了现在是偶像，若倒退上五千年，便是当然，不可说是偶像。Apollo 诚然也是个偶像。但是从这偶像生出希腊人自由尚美的精神，到了现在，这精神在人世上还正发扬。我们就不妨用这偶像打破专门制造生殖器崇拜的五通。更清楚着说，我们拿人道的偶像，打礼教的偶像，是应该的。

但是这位用崇拜外国偶像一句话打人的美术家，却是很好的一位偶像保护家。他用外国偶像四字把别人破坏中国旧偶像的事件扫过，便成就了他的保护中国旧偶像——如汉字、旧文艺等等的作用。中国人最会把舶来的事物想出个新用法。偶像一个名词到中国，就成了保护偶像的器具！

（原载 1919 年 5 月 1 日《新潮》第一卷第五号）

新生活是大家都有一份的

《新生活》[①]的第一期里，头一篇文章就叫做《新生活》[②]。这篇文章里说道："新生活就是有意思的生活。"

生活有各类各样。现在我举出两样来，请诸位想想，有没有意思？

张三生下来，就没有吃的、穿的、住的，偏生到了三十岁的光景，讨了个老婆，生了一大群孩子，都叫他养活住。张三原来做个小买卖，因为不够一家人吃的，改行拉车去了。拉上两年车，就害瘟疫死了。

张三的兄弟张四，从小跟着个官当底下人。起先专办提尿壶，后来当马弁。不上十年，居然做起总兵官来了。他好不威武，有钱、有势，还能白白杀人。但是见了提督，须得跪着接送，看着提督的眼色行事。提督骂他个王八蛋，他得连

---

①《新生活》，通俗周刊，1919年3月24日创刊。——编者注

②《新生活》，胡适作，《胡适文存》卷四。——编者注

声应“是”。回家来，大太太要钱买地，姨太太要钱买房子，二姨太太要钱买首饰，三姨太太要钱赌博，六岁的小姐也要钱去吃番菜。有一天，三位姨太太一齐乱打，他气得生了病，不久也死了。

你们看，张三、张四真是一对好弟兄。张三穷，张四富；张三穷个死，张四富个死；张三饿得要死，张四饱得要死；张三冻得要死，张四暖得要死。张三被坐车的人骂他个王八蛋，张四被提督骂他个王八蛋；张三一家人逼着张三要钱吃饭，张四一家人逼着张四要钱更紧；张三因为吃苦，得病而亡，张四又是气死的。

诸位想想，他兄弟俩虽然贫富不同，究竟他俩生活的趣味是不是一样的？他俩的生活莫有意思吗？

不消说得，他俩的生活都没意思可说。一辈子吃苦，不当人，替一家受罪到死，还有什么意思呢？穷也是不当人，富也是不当人，反正是不得好死。所以他俩竟是一样的趣味。

如此说来，我们必不要这样生活了：做起官来，可以卖国；发起财来，可以多讨小老婆；当起兵来，可以杀人。诸位想想，这样生活究竟有什么趣味？如果说不出有什么趣味，我奉劝诸位休要这般梦想了，休要买彩票、换钞票，巴结有钱有势的人，休要改了劳动的本行，去干大碗酒、大块肉、眼前红红绿绿的营生了。

天地间的人多半受苦，一样是贫而受苦，一样是富而受苦。没的吃穿，没的住处，生病就等着死，还被人欺侮——这是贫来受苦。我们生下来同别人有一样的脑袋，一样的手足，一样的知道苦乐——就是和别人是一样的人——为什么该受这样的待遇呢？果然我们好吃懒做，便无的可怨了。若是肯做活计，却还这般苦恼，眼睛里看见他们的姨太太、小姐们亮晃晃的坐在汽车上跑，凡有血性，自然不平呐。至于富而受苦的呢，我也说说。一个人只有一张嘴，一个肚子，哪能吃许多？只有一个身子，哪能穿许多？有钱无非让别人享受了。大老婆怕我，小老婆恭维我，底下人小心伺候我，这都和我不相干的。而且争风吃醋，偷偷摸摸，背面私议，更使我有极大的苦恼。而且我要人家恭维我，须得自己先去恭维人，低三下四，干些不是人的营生，才能有钱有势。这样一出一进，白白丢了自己的人格，果然值得吗？况且天地间的钱是有限的，他一人有多钱，别人方面就添许多贫而受苦的了，这果应该吗？我们对于这种人的快乐里面的苦恼是看穿的了，所以觉得他不但不必羡慕，而且可怜。

人的才力虽然不一样，但是大致不远，决不像人和狗的相差。社会上的人虽然不能一般一样，也断不该像人和狗的相差。世界是大家的世界，所以大家都该公公平平的占据一份。这一份应该不多不少，恰够一个人用的。蔬食能够清洁，布衣能够常洗，有病能够治病，有儿女能够上小学堂，这就是我们应当有的一份。我们用一劳力换得这一份来，决不多要了——就是不要喝酒吃烟的钱——熨熨帖帖的过活，就是“新生活”。我们若是要这一份以外的，就和抢人家一样的犯罪。若是社会不给我们这一份，就等于被人抢了，自然要诉冤去呢！

但是不劳力的人，社会就不该给他这一份。

（原载 1919 年 8 月 31 日《新生活》第二期，署名孟真）

欧游途中随感录

北京上海道中

一个不曾去过许多地方，不曾知道各地方社会情状的人，原来没有作游记并且把游记发表出来的资格；一个只学了"哑子英语"并且说未同欧洲人交际的人，在欧游途中更没有发表游记的资格。接触得不深，了解得不透，自然议论得不当。所以一句话说吧，我这游记大可不作。但从别一方面想去，天地间的议论，哪有完全客观的呢？哪有不带点主观的意义的呢？顶精细的议论，和顶武断粗糙的议论，其差别仍不过是量的，不是质的。所以极不恰当的议论也终有可能的地方，不是他议论得怎样好，是他或者可以供别件事的参考——因为他的"意境"虽是制作错了，而引动他这"意境"的感情或者是人人共得的，或者是较一般人稍深的，或者是较浅的，这都是些很可研究的材料。Spencer 的 *The Study of Sociology* 上说，一个法国人刚到英国，坐在马车上起了许多感想，以为大可著作成一部大书，过了几个月，原来的感想

傅斯年和夫人俞大綵女士在书房合影

变淡，因为根基薄弱而洗刷去了，住上一年，回巴黎了，更没话说了。这便是不可等□，从一方面想去，进得愈深愈知道他所得到的少了，这实在是进步；从别一方面想，到一个新鲜地方此公住久了，生机多得多，所以感想丰富；再从第三方面想，鲁莽的批评虽然不切当而引起他这鲁莽的批评的感情，其中虽有一部分的实在未尝不可研究。所以假如那个法国人当时就把他的感想著作成书，也未必就可说不置一顾，大约还是和他后来的见解互有短长罢了。再就一层说，一个人忽然看见了你不曾经见的景物，思想中自然要起酿酵作用，这种经过写下来或可供日后的参考，有两种意思我就把我这随感录随便写下了。

我这随感录不是志在记行，是记我行中的感想，舟中写下自然没有顾及文章的工夫。

在北京起身的那一天，12 月 16 日，天阴得很，已经下了两天的霜了。树上都是白的，比下大雪另有一种滋味。过了天津，便下雪，而且很大。再到济南，才没有雪了。当这情景不免起一种感触。冬天里走路越冻越觉有精神。所以在寒冬 12 月，晨起踏严霜的滋味很可助人的猛兴，这时候旅行可以使细胞变化，添上些光爽的气质，至于夏天啊，昏昏思睡不会得什么思想的。

我这次往欧洲去，奢望太多，一句话说，澄清思想中的纠缠，炼成一个可以自己信赖过的我。这出北京的一天，虽然是出的国门，但是长途的发轫自不免起了无数的感想，过去的、未来的、快意的、悲观的，对这霜雪飘零的景物，心上不免受些感动，人生的真价值于我，现在看来只是就其“论扩而充之”，待后来充满了，作一个相当的牺牲。辛稼轩的词说：“易水萧萧西风冷，满座衣冠似雪。”我当长途发轫，恰逢这光景，心中不免默默地念道，积善累行实在并不是求生，不过求一个最好的死法，我这里所谓死，并不专指急剧的死，为一志愿而劳瘁，为劳瘁而煎熬，煎熬的结果。自肉体方面言之，是“自□”，这是人生所万不能逃的，有逃它的心是大愚，去逃它去是罪恶，人生的努力只在乎寻一个“了此一段公案”的最好的法子。

青年以外的中国人是靠不住的了，但请问中国的青年又是怎么样？一方受遗传的支配，一方受环境的包围，但凡科学的公例不灵，自然有很大的危险在前面。

社会是个人造成的，所以改造社会的方法第一步是要改造自己。

人的精神的大小简直没法量它出来，以强意志炼它，它就可以光耀历史，所以愚人未尝不可做不朽惊天的事业。不炼它，它会枯死，所以视清风亮节的人常常不生产一点东西。

所以我现在对于青年人的要求只是找点题目，先去改造自己，这自然不是人生的究竟。不过发轫何须在这个地方，如把这发轫的地方无端越过去，后来就有貌似的成就，也未必能倚赖得过。

我这一番话是有感而发。第一层，我觉得若是青年人只知道有群众运动，而不知道有个人运动，内有好几种毛病。

(1) 一时未尝不可收"疾风摧劲草"的效力，但久了便当因分子不健全的缘故而不能支持。

(2) 社会是生成的，不是无端创作的，所以为谋长久永安、不腐败的社会改善，当自改善个人独善。忘了个人就是一时改得好了，久后恐不免发生复旧的运动。

(3) 群众运动太普遍了，怠惰的人——自然占大多数——安于"滥竽"之列。

(4) 中国此日有许多问题。群众运动很难解决，而个人运动便很容易解决。中国所以遭殃到此刻，只为旧势力的结合不能剔除，但虽不能即刻剔除，却很容易使它流变，它本是势力的结合，自然是人的结合。只是人的结合"其兴也勃焉，其亡也忽焉"，只要使"将军下界"，步曲必不能不它解，自然不久又要有新的势力结合。中国没有健全的□伦和社会的组织，自然禁止不住他们的结合，但一散之后再结之前，其中当有几天较清白的时间——如黎宋卿当国时，而且再结三结，必每况愈下，枝节愈生愈多，□□愈趋愈短，所以现在国人所最痛心疾首的问题但能有人挺身而出，为个人之牺牲登时解决了。

我并不是说群众运动不好，“五四”以后青年对于社会的责任心（Social Responsibility）何尝不是群众运动？群众运动是民治国家刻刻不可少的，但不要忘改造社会并不专靠群众运动。个人运动更是要紧，我所指个人运动：一是个人学行的砥砺，一是个人的牺牲，合起群来牺牲，其中还不免有点倚赖性，譬如“天塌压众人”一句话很可以代表一种族根性，个人的牺牲多是真牺牲，真勇敢的牺牲。

（原载王汎森、杜正胜编：《傅斯年文物资料选辑》，

台北：“中央研究院”历史语言研究所，1995 年）

留英纪行

这是傅孟真先生从英会寄我们几位朋友的私函。里边述说沿途风景和伦敦大学情形，颇足供有志留英者之参考。今教部选欧美公费生业已揭晓，打算留英的定有人在，所以把这封私函发表出来，公诸大家。所谓“书信秘密”是说寄信人和收信人以外第三者，不破坏秘密，擅拆别人的信件；不是凡书信所谈都不可以对人言，而有秘密之必要。

这封信 5 月 30 日发，经过美洲，整两个月工夫，大前天才收到的。

徐彦之

九年八月三日

（上略）

我先说我在船上的情景：先上来遇见了一位东方迷的美国人，往印度学佛学去的。虽然他是个“迷”，但还有思想，人也很好。一天就有半天和他谈，他在新加坡上岸。此后所见的外国人，便只有市僧了。我是并不晕船的，没有一天吐过。地中海的风浪滔天，其实并没妨碍，所以诸位将来出来时，晕船是不必虑的。

从香港起，沿路景物的美丽，直令人心神飞散。热带的风景，别是一种天地，常在里边，恐怕生理上不适宜，但偶一经过，觉得那种莽莽的气象，实含蓄着一种伟大的精神。后来看到了阿拉伯海里的列岛，又是寸草不生的；三日前森林灌木，三日后枯岛沙渚，乃世界上的南极端。在接续的时间，比较一看，生出无数意思！

在地中海的两端，真是仪态万变：这边是苏夷士运河，两岸的沙漠景很有滋味，少许有些松桧竹棕和鸥鸟合起来，点缀着平沙沼芜的地平界，我的精神觉得很爽健；那边是直布拉鲁塔海峡，我们的船经过时，正当黄昏，天气不很晴，积雪和层山，分不清白，水流很急，加上大鱼出没，山色幻变，太阳在山和云的缝里吐出很残破的光线，照得山顶上现海面的波纹，海面上有几块和镜子一般的明亮，其余尽如乌云一般。这个境界乃是最宏壮的境界！

人类学家说人的文化太新，所以在□人的精神里含着很强烈的游牧民族野蛮民族性，没有人不是这样的。就以我这番渡地中海两端的经验而论，这话是很对的了。我们见到沙漠，忘了它的枯槁，觉得它另有一种吞括的壮美。原来我们的祖先在沙漠生活的时候，养成一种健敢的精神，后来成了文化的民族，这个精神就有一部分和沙漠一般的不见了；但这根性并不泯灭，所以我们遇见沙漠要觉得精神健旺。我又有一次渡黄河，满地风沙，河流湍急，觉得那种声色十百倍好过良辰美景。我又常想凡有文学趣味的人，对《敕勒川歌》没有不心领神往，这也是同样的道理。至于在地中海西端所看见的，都是些最伟壮的自然变景。这些变景迁流不定，而一个小小的“我”孤独在里边，就引起人的怪异的心境来。这种对最大的自然变景而生的最深壮的心境，仍是文化前的习惯，仍是我们的祖先五六千年前在塔里木河的上游养成的。

所以沿路四十日间，把几个阶级的文化，几个最异样的自然现象都经过了；几千年的民族经历都温习。那些“海上迂怪之士”所有的对象，也都有了。

我去年所以决意往英国，而不往美国，惟一的原因，以为往英国去，可以因与大陆接近的缘故，多些见到民族变态的机会。谁知未到英国，就看到了如许变态，固不限于民族的变态。这样的幸福，不知诸位几时可以享受！

到了英国，第一层感想是：物质上不如在中国所想像的那个高法，精神上不如在中国所想像的那个低法。偏偏我所下岸的地方又是利物浦，真可谓“乌烟瘴气”的了。到了伦敦，所见穷人之多，街道之不清洁，学校建筑设备之苟且，差不多要和北大一样。假如要是所观察及的不过是这些，那么是要大失望的了。然而看看一般做事精进的精神，和一切公德心的表现，和社会上往来的德素，实在和在远东所遇见的英国人完全不一样。在这里读书，受益必当不少。

（中略）

至于我的思想上的变迁，倒是可以略说几句。一年以前，我的意气极盛：不好的地方，是意气陷我许多错谬；好的地方是它很能鼓励我、催促我。现在觉得比以前平静得许多，没有从前自信得强了。这不能说是不好，但天地间的道理处处对着迟疑，因此心志上觉得很懒怠，这是不得了的。考虑的心思周密，施行的强度减少，这要寻个救济的法子。

1922 年夏，傅斯年（立排右二）在德国与陈寅恪（立排左二）、章士钊（立排左五）、陈西滢（立排右四）等友人合影

但也有进步的地方，我近中觉得心神上宁静得很多。以前的 Motives 很多，但这些七岔八乱的 Motives 虽能使人勉力，也使人神昏气怠。此刻呢？Motives 渐趋于专一，自然一时力量弱些，长久了，这专一的 Motives 未必不能练得很精固了。

我说我求学的打算：我上个月恍然大悟，觉得我近中求学的心境，乃远不如在大学预科时之“国故时代”。我在国故时代，念书只为爱它，读诗只为爱诗，倒颇有些“只求耕耘，不问收获”的意思。后来国故的见识牢笼不着我，于是旧信仰心根本坠落。后来所学不如以前之不切今世，因为切今世，于是渐在用上着想，这个求合实际、求有成功的心思，固不是一概不对，但因此总很难和学问生深切的交情；不能“神游”，所以读书总觉不透彻。上月里深恨近中为什么读书不长进？何以当年弄国故的时候倒能觉得日新月异呢？想来想去，忽然大悟，全是对于读书的一个责报的心思作梗。有这责报的心思，一切进不去。我所谓责报，固不是借读书混饭吃，乃是将来对此有何等著作，将来对此得何等思想上、行事上之益处，等等。这些心思，看来自然要比混饭吃高些，实际上乃发生同等的阻碍力。我现在已下决心，以学问上最近层做起，如此迂远，自然想不到收获上去了。

我将来要专哪门科学，现在还不会定。但以心理学为心理的、社会的科学之根源，我至少以三年的工夫去研究它。在研究它以先，去研究动物学、生理学、数学。如此迂远，成功上实在讲不定。但我宁可弄成一个大没结果，也不苟且就于一个假结果。

学校的选择，我已定在伦敦大学的University College。英国大学中，心理学发达的一个是牛津，Mc Donvall就在那里；一个是剑桥，Myers就在那里。但这两处，我因官费不充的缘故，是不能去的。伦敦大学，心理科还算完备的。但究竟怎样？只好将来再说了。

University College的由来，很有趣。一百年前，大陆上的大学已经把教育和宗教分做两件事，而英国的牛津、剑桥还是限制宗教很严的。于是伦敦有个新运动，要设一个大陆式的大学，去宗教的限制，注重新学科，男女合校——就是牛津、剑桥两个大学的反动——于是有了一个London University。但财力规模小得很了。于是又有一个反反动，而生了伦敦的Kins. College，专以牛津、剑桥为榜样，男女是不合校的。彼此争了一个“不亦乐乎”。英国巴力门总不通过伦敦大学议案，后来侥幸通过了，而英王的顾问拒绝盖玺，这其中牛津、剑桥所加的阻力很多。后来生了一个迁就的办法，收London University为University College，另设一包括若干学校的总部，名伦敦大学。这个历史上的遗传，University College守之至于现在，所以在英国大学中，比较的算有新空气的。

（下略）

（原载1920年8月6—7日《晨报》）

多言的政府

西汉文景时，鲁人申公以《诗》学负一时的盛名。汉武帝在初即位时，正是年少气壮，好侈务大，又是走儒家的一条路的，所以请了申公来，很想他能为朝廷做几个宣言，献几个计划，制几套标语。谁知这位八十多岁的老先生大大与一般好说话的儒家不同。他对武帝说："为政不在多言，顾力行何如耳"！武帝听了真扫兴，只好稍迟送他回家了。本来文景两代都是儒家与黄老明争暗斗的时候，儒家总受些压迫。武帝初即位，真个是儒家扬眉吐气的时候，真可以大大花俏一下子，然而申公偏偏这么老实。今之修庙救国论，长安王业论之柱国大儒，真要笑这老头子太不会做文章了！

汉武帝还不是一位说空话的呢！他要雪国耻，便和匈奴混战了几十年，通西域以断匈奴右臂，设度辽将军以断匈奴左臂，到底把匈奴"抵抗"得筋疲力尽，几十年后便降中国。黄河在瓠子决了口，他便自己截堵去。他的一生虽也有不少过失，但竟然造成了中国不亡于匈奴的局面，竟把现在汉人所居的地方都给汉人站住定了。他没有空言长期抵抗，他没有空言努力救灾。申公对他还说这样话，如申公生到现在，不知更要作何样感想呢？

中国统治阶级之喉舌——即文人——向来是好说空话的，因而中国的政治无论在如何昏乱的时候，总有一篇好听的空话。近年来开会宣言贴标语的风气更盛，所以说空话更说到无以复加的程度，真所谓“颜之厚矣”。在“九一八”事件以前，我们最大的典礼时发宣言，简直要以全世界之前途自任，现在稽颡于国联之门，不用“一切帝国主义”一类的名词，而用“友邦”“公道”了。这样在固有文化论者，犹可说君子居安而安，履危而危，真个是国粹的大道，然而凡百庶事，又何必都大吹特吹，吹时全不想到实行，吹完登时忘记了呢？这样的把戏，出之于口，等于念咒；写之于纸，等于画符；作之不已，等于发狂。这真是一个民族智力德力堕落的象征。

现在姑举两件事为例，以论为政不在多言的道理。

第一件是所谓行都，所谓陪都。原来一国有好几个都，似乎是帝王家的风度。若在民国，只有政府所在可以称都。其时帝王时代一国数都的风气，到明清已经改了。明有南京应天府，同时便在那里虚设六部各衙门；清有盛京奉天府，同时便在那里虚设五部。即在更远各朝，也每在它的所谓陪都所谓方京置留守，可见对于没有政府的都，虽皇帝对之，也颇歉然。我想现在决不会因陪都行都而设政治分会，以数次大战而取消的东西决不会再如此容易出来。然则所谓陪都，所谓行都，当不过是“开发西府”，“恢复中原昔日文化”，若干口号下的一个藻饰、一种盛典。我们何幸生此盛圣明世，稽古右文，猗欤盛哉！就是在这样的藻饰盛典上，我们也还希望付力行一下子，不必多言。行都陪都都不是一个委员会一篇计划书便能出来的，也不是修庙修陵便可将西北繁荣了的。姑无论破产的东南决无余财倾于西北的荒漠中，即令有之，而不自然的发展，如所谓沙漠种田也者，也决无维持、继续、发展之理。总要先使西北有可以发展的环境，然后人民自己可向发展的路上走。使得人民自己向发展的路上走，政府所负第一步的责任是：一、维持社会的秩序；二、澄清政治的腐恶；三、给与人民以一种苏息；四、便利交通。这个人民自行发展的先决条件，在各处皆适用，而在活地狱的西北为尤甚。我们试问，西北军人对人民之榨取如何，鸦片烟之强迫耕种如何，西北人在这样贫困生活中所供给之赋税如何，人民生产事项之被军、政、匪兵毁坏者如何，共产思想及组织在民间乃至军中潜伏之状况如何，这样问题当局者正不容易回答罢。据自西北来的人说，西安数十里外简直是地狱的世界。有一个旅行者，住在一个县署里，亲身听见受拷人民的夜间苦楚，少交一元便是几十板子，迟交一天便是几百板子，而所交者非赋非税，而是迫派种植的烟苗捐。在这样的现象之下，而拜佛者梦游想乐游原上的清秋佳节，装点以杨家姊妹；好古者幻造咸阳府库，金柜石室，充实以周汉彝器，明清簿录，我诚不知我们贵国大人物痴脑筋是世界上古往今来何种痴麻药浸过的！在这个问题之下，政府还是少说几句空计划，在最低范围之内，先做出一二件事来给人看看，例如恢复秩序、稍纾民困之类。若一直的总是空话，说自己并没有意去实行的大话，将来纵是说真话时，也要没有人相信了。

第二件是所谓建设。虽在最富的国家如英美，若建设专靠政府便也有限了，总要靠人民自己去建设，政府不过立于从旁协助的地位而已。在穷困到极度的今日之中国政府哪有力量建设多种事业，而中国政府已往之成绩，并铁路航运都弄得这么糟，真不配再多量的去尝试国营事业。今日之政府，以人力，以财力，都不是能够“百废俱举”的。他若尽他的责任，他的建设事业第一项是建设出社会的秩序来。社会有秩序，则人民可以自己去建设，不待政府去做这个，做那个。第二项是建设出官署及公务员服务之秩序来，有了这一层，然后国营事业不致一举办便沦陷为腐化的结晶品，而旧有事业，亦可在这一层的大前提之下去整顿。这都是政府本分以内的事，都是可以做到的事，都是其他大事所凭借的事。几年前北伐到了北平时，全国统一，引起人民的很大希望。而侈谈建设者，更弄了好些文章出来。从今天算来，似乎在无线电以外成就的事项很少。这些固有一部是政局不安定负责任，然而其最大的弊病似在说话太多，计划太多，开会太多，宣传太多，而过于不问实际，过于不求步骤。到了今天，国家已堕入这无底深渊中，哪里还有再说大话的颜面？且把本分内最浅近的事做出来，不必再高谈建设事项咯！

中国人真是一个说话不算话的人群！我们中国人中，尝见有时有人受之扯谎的指摘时，似乎并不充分的生气，若在西洋，则 Liar 一个徽号一经加之于人，恐免不了受人之掌。所以官府文章，说时本不是预备实行的。今政府之多言少行，似乎本不违背我们国粹的道理。不过，立国于现在，而这样子做，既坠落官常，又败坏民德，还是择该做能做的事，切切实实做几件，不要“危不忘安”的总是说大话罢！

（原载 1932 年 12 月 11 日《独立评论》第三十号）

中国人做人的机会到了！

张学良将军这次要尽他的军人的职任了！以这几天来东一枝西一节的事实看来，张将军的这个决心似是无问题了，“君子乐与人为善”，及今振作尽职补过，犹可得国人及后人不少的同情，他的晚节犹可以不负他的聪明和意气。他本来是个很聪明的人，并且是爱国的人，只以早岁的环境所养成的习惯，使他陷于现在中外人心中对他的地位，这是我们中国人最痛心的事之一，就他自己说也是最可惋惜的事。现在来了这个可以雪国耻、雪家耻、雪自己之耻之机会，而他的反应似乎不是使人失望到盖棺的，他应该彻底的大振作，不特要表示决心，表示胆量，还要表示本领。他要打得好才算数，若以前不打，现在打而不好，照样是丑事。所以他在现在，要用尽能力，要不顾一切牺牲。

这几天北平城内的怪现象真正要把中国人的恶根性全盘托出了。要人“得风气之先”先送家眷回去，市民不相信钞票，失势政客广泛的散布流言，尤奇怪者，是大学学生们的恐慌，纷纷出走，要求免考，否则请学校当局保证他们的安全。要求请假不扣分，否则学校当局是打官话。回想他们一年多以前的请愿、示威、军事训练、抗日工作等等，真正再滑稽也没有了。由今思昔，他们似乎是遵下列一个公式而行的——责任不在自己则请愿，祸害不及本身则示威，明知用不着上阵则军事训练，与日本人相离太远则抗日，一旦事情变了，自己可以陷在困难或危险中，则取三十六计之上计，然而还是罢考不忘分数，逃难不舍升级的！这是中国的所谓“优秀分子”，这是受最多教育的成绩！这现象真比日寇的胁迫还严重，因为日寇只是外患，这是自己的根本没有办法。就这现象以测中国前途，真正一团漆黑。当这正当一鼓作气的时候，偏偏碰到这样丧气的事，我想现在张学良可以向他们请愿了罢！我们若深一步想去，所以到这地步者，也不由他们自己，也是环境使然。他们对执政者本无信赖，一也；他们的师长平日对他们毫无表率，二也；他们的师长在这时候毫无所表示，三也。教员先去，何怪学生？校长不到校，他人势必至于心慌。中国是无处安全的，青年的将来不是荣以奋斗，便是辱以就毙的。大家此时在动腿之先，且请想想看，向哪里去呢？就地抵抗，又何尝专是军人的责任呢？

中国人之不抵抗，为世界诟病；北方人之不抵抗，为全国诟病。上月还有一位广东籍的中央委员，大大的骂北方人呢。我是一个北方人，年来为此生了无限的闷气。我有好几次对东北朋友语，你们不抵抗，连累及于我这山东人，向来以为“北方之强者”居之，而今萎靡至此。其实这样气话也很有不公平处，东北何尝不抵抗呢？义勇军在那样环境中之抵抗，真是可歌可泣的。丁、李、马、苏、冯、王诸英杰，真是我们应该焚香颂祷的。只以东北原来的军政权太不高明，太少组织，故不曾应机而作最有效最有组织的抵抗，以致为东北的民众留下恶名，这是最可恨的。我希望现在华北的军政组织不若“九一八”前东北的军政组织之紊乱，我希望北方的军队个个都是十九路军，我希望北方的健儿都是步丁、李、马、苏、冯、王的后步者，我希望北方的人大都如上海的市井大侠在去年淞沪抗日时节的义烈！这是北方人要恢复人的名誉的机会！

我们若想到我们背后并无路走，而是无底深渊，虽懦夫也只能就地抵抗的。

看目下的形势，这次骚动决非短时期的，所以这抵抗要是最有系统，较能持久，并且步步为营的。若只是胡乱抵抗，聊以塞责，适以暴露中国军队之无能力、中国人民之无组织，其害是不可量的。惟最有组织的抵抗，方能赌一下子国运，方能争回已失的人气。所以我希望当局者应该趁情势尚未十分迫切的时候，一分钟不忽略地将华北局面全安置在作战的准备之下。此中工作包含下列各事：

一、铁路的运输，变作战争的布置。

二、食粮集中在军队可以应用，市民可得供给，而不以遗寇的场所。

三、大学学生应提来做后方辅助工作，或使其服粗工，不得任其作自援式的逃命。

四、严惩离职守的官吏，教育界人在内。

五、公物应由政府协助其迁移他去，而对私人搬家应作相当的限制。

六、通盘筹算抵抗中的各步骤、各线路，以免一处有失牵动全局。

七、社会上须立时组织起各种协助团体来。

八、各界捐输应由负社会信用的人办理，以使市民乐于输将，而免于上次“马将军捐款”之各种笑话。

大规模的抵抗便是中国受严格的国民训练之开始，中国之彻底腐败，非借机会锻炼一下子不可的。譬如打铁，钢是打出来的。以局势论，这是中国人挺起身子来做人的机会；以效力论，这是我们这老大国民再造的机会。打个落花流水，中国人才有翻身之一日！

（原载1933年1月15日《独立评论》第三十五号）

睡觉与外交

一个人料理自身的事，最怕是做梦的状态。若常年在做梦的状态中，虽一件坏事不做，也够倾家荡产的，至于一事无成，更不消说了。一人的事如此，一国的事又何尝不然。在环境安稳的情态中，昏睡的态度已经不了，若在四周波涛动荡的局势之下，昏睡的态度更要急速送命，这是毫无可疑的。中国人对事的最大毛病，糊涂的看着，昏昏的想着，颟顸的混着，敷衍的赖着。这样姿势，一方由于认识不清，一方由于工作不勤，一方更由于意向不健，于是治大国者若睡午觉一般，"厝火于积薪之下，而处其上，火未及燃，因谓之安"。试看今日我们的执政者，对付此时世界将在大变化的局面，是不是有些像睡觉的样子？

中国在外交上花钱不算多，然以所花的钱比所出的工作，真觉惭愧。驻欧大使公使中有两人逍遥国内，更有一人在途中，又有出缺未补、补而不在任者。于是今年的国联大会中，中国代表团以罗忠诒、金问泗等充数。表面上尚如此零落，内容之效能可知。在如此最严重的国际时局之下，以如此“荡荡之德”应付之，负国家外交之责任者，是不是有亏职守？请看日本，常川之大使公使机能，皆能精益求精，更加上些专使临莅，名士访问，有组织的察探团体，半公半私的个人接洽，应有尽有，每作必十成努力。如此相形，不必决斗于疆场，外交上日本固已“战胜于朝廷”矣。自《塘沽协定》之大辱以来，军事上尽撤藩篱而东向乞怜之姿态，在巧言如簧的政客口中，固尚有几分强辩可以敷说；独此外交上之极度松懈，一若“为长者折枝”而不为，真不知是何居心也。

犹记得王正廷掌外交部的时代，在昏聩糊涂、鲁莽灭裂中铸成中东路上中俄冲突之大错误。如此一大教训还不能醒来，还在昏聩糊涂中，以当时中日关系之迫切，而不能有半分之认识；以当年滨口、若规内阁币原外交之情势，而未曾作半分之利用。驻外使节多付阙如，外交工作只有口号。沈阳事变，一发而不可收拾。以当年的政权组织论，他是负不起全部外交责任的，他不过是个外交大书办而已。然他既尸外交部长之位，他是不能自解其罪的。今日局面更比当时为复杂，未来事变之大更比当时为可虑，负外交责任者更不该鬼混目前，除对付着日本要求以外无所动作的。

今日之对欧美外交应作积极的活动，而作积极活动之大前提是将外交机能充实而健全之。第一件，不能在所在国动作之使节皆当更换。无论实力者及有政权者皆不当以私人关系用人，将公使馆员看作美缺，作为调剂，以致误了国家的事。第二件，留在国内之大使公使，皆当诚恳促其即回本任。代办的地位本难活动，在中国人的习惯之下，公使有人，代办尤不易办事。第三件，俄、美、英三国——至少——必须与之有深切的接洽，准备在将来事变中彼此应取之态度。这诚然是不容易办的事，然若彼此使节得人，在南京或在彼国都城总可办到相当的接洽。第四件，欧洲各国关系之演进，外交部要切实究察，这须凭借在欧洲的各使馆之消息功用，不能但凭报上消息，尤不可听凭日本人的传说与判断。第五件，对国联不可取忽略或减少热诚的态度，果如此，乃真是自误。

国联遭日本之一击，德国之再击，而威权大失，诚是事实，然这局面也不是一往不变的。以目前国社党德国之恶贯满盈，对内自相屠杀，对外鼓动奥乱，已把西欧各国的态度逼得大致上到一条路上了。他们鉴于国社党的德国之为危险分子，不得不于安定欧洲关系之局面上相互让步，作相当之提携。或者此是国联机运之再兴，亦未可料。国联本身无尺土之守、一人之柄，本是一件空东西，然而他的组成分子并不是些空东西，而是些强大的国家，环以多数的小国。若是这些强大的国家能合作，国联自然有力量；不能合作，自然无力量，这是不用说的老实话。近数月中，国联之没落，虽由日本德国之一击再击，然其最后之暴露弱点，乃由意相墨索里尼亲德之态度而起。今以奥国事变之故，德意关系俨若对垒之敌人，德国并其最后一个可送秋波的国家也丧失友谊了，不能不说是欧洲局势之大进展。若俄国入盟之事再能实现，更可视为国联之大转机。这不是说抽象的国联有威灵，而是说国联之组成分子若能通力合作，可借国联之机能显其威权。国联不是别的，只是世间受了欧战之教训以后，想出来的一种以会议代秘密外交，以多元代替一个重心之新的国际政治合作机用。年来几次大变，使得一切关涉国际政治的会议几皆开不成，故国联工作毫无精彩。今幸元凶贯盈，转机在望，乃我国反于此时忽略他，轻视他，诚为不智。国联以中国之故，遭最大之打击，设若中国以为彼已遭打击，不妨加以轻视，则世上最鲜廉寡耻者，当为中国。此等国家能否存在于世上，实不能无疑也。今以本年所派出席国联之代表论及其他对国联之情形论，政府似对国联事不复多所措意，此诚梦梦之态度，而为日本人所大乐者也。

（原载1934年8月19日《独立评论》第一一四号）

青年失业问题

今年暑假中，有若干北平各大学的毕业生发起大学毕业生职业运动大同盟，在北平南京两地呼号奔走，很引起社会及政府之注意。于是教育部宣布将成立学术工作咨询处，而报纸上也看到有意义的建议。其实，青年失业问题之迫切，不自今年起，前年的大学毕业生，在出路上已大显不景气，去年尤甚，今年自然更甚。这本是一个全中国政治的社会的组织问题，所以这个问题的本身并没有治本方法。不过这个问题实在是严重不过的，大家应该认识他的由来，并斟向治标治本上走的路径。

先说这个普遍事件之原因。一个国家，若不长在疆土的或经济的扩张进程之下，而人口是历年增加的，自然都有失业渐多的毛病。这是过分普遍的考量，姑且不论，单说说较切近的。

第一，世界的不景气，已经深入中国内地了。中国内地情形本是没法统计的，然大都市是内地的象征，若能分解大都市之萧条，内地没落的景象立刻见到。举一例：几年前，上海地皮之无理的涨价，是资本不能入内地的象征，一年半以来之极转跌价，且无市场，是内地不能销货出货，因而全部商业萧条，买地皮者锐减之明确表示。都会如此，内地如此，以前吸收之青年尚须步步退出，焉能够多量吸收新的？

第二，三年来“日蹙国百里”的事实大大减少青年出路的销场。东北四省向来是大量吸收平津各大学毕业生的，东北籍者不待说，即北方籍者也很多，南方籍者也不算少。现在辽疆万里，一齐沦没，在异族统治之下，东北有志青年尚须向关内托身立命。

第三，几年来比较的政治安定也是使青年少出路的一个原因。这话听来好像不伦，其实很平常的。在政治不安定的状态中，一朝天子一朝臣，一堆上台一堆下，这是北廷自凶袁死后的现象。这样紊乱，诚然增加政治之纠纷，社会之苦恼，然贫士失业却为此减少。我不是在这里提倡以政治不安定为解决青年出路之方法。政治不安定虽然能以换班的方式为青年找到短期的工作，但总账算来更是不了，这道理是人人皆知的。我只是在这里想提一件事实：几年来的政治安定，使得一堆人永远占着地盘，同时更有一大堆人永远不得地盘。在地盘中与在地盘外者，若不是截然能分优劣，岂不是相形之下而生不平，因不平而生紊乱，以致社会危机？

第四，中央及地方政府之登庸人士：无论在立法上或人选上，都去妥善甚远，而失职之感，更觉亲切，不平之鸣，助以忿怒。政府抬举出此无聊人，则一切无聊人皆望抬举。所有之位置每为不称职者占据，则有才力者不得其位。以中央论，果真没有一个整个大衙门，全无作用的吗？若干技术的位置，不曾为非技术的人所占据吗？以地方论，假如有一个地方，表面上像是说部包文正的天下，实际上乃是护兵马弁的世界，还能多量容纳进步的青年吗？这样情形，就政府的作用而论自然是有亏职守，就在青年的影响论，简直是毁坏青年，因为这样真能增加他的欲望，激动他的牢骚，诱引他的不安。请看现在的大学毕业生，得到四五十元的月薪便不屑为；得到百元左右的职业，便恒常不平；得到百五十元的事做，也还要以为过渡。他们看见饭桶滚滚登台省、废物滔滔满郎署，除非大圣人，哪里还能隐身作政界的修道士？

第五，至于多年来教育之不济，诚然也为青年失业加一章，但这个实在是质的问题，而非量或类的问题。试一考察全国历年来大学高中及专科毕业生人数，而与中国人口作一比较，便知吸收量不应已经饱和。即专就文法科而论，文科的销路当为教师及其他用文墨的人，然今日文科中绝缺少良好教师；法科之销路当为法官及律师（专就法律一科说），然今日够法官之训练者实在太少了，故不得不降格任用。果然今日将此一行杜绝，自今以后文法科之职业皆为今日已出世之文法科人占据，国家社会是要大大受累的。然今日教育之不幸，仍为质的问题。无论哪一科，若都是办得乱糟糟的，自然都要再办，都要改向好处办。无论哪一行，若不是办得不合社会需要的，自然都要改向切合社会需要上办。政府对此事之注意点，应该是废止不能自己占着的学校或学科，严切的改进差科占着的学校或学科，若理想的对科别有成见，则工农科虽多了，恐怕只是增加工农科的失业者而已。

总括以上青年失业之各原因，而求补救之路，则我要预先声明者，即此问题非一个独立的问题，故根本上非可独立解决者。国民经济是有总量的，在今天，求能不退步，便是好事，高谈增益恐是画饼。若国民经济不能为实质的增加，徒然增加职业，无异为奄奄一息之国增加些不生产的担负，更是不妥的。所以我的意见是：青年失业问题之根本解决，要待政治与社会问题之普泛解决，而此问题之相当解决可以政治力量行之。果能做到贤者在位，能者在职，失业者可以向下一层而求安，然职业之总数一样，也足以减少乃至消灭此现象之严重结果。现在列举四项办法。

第一，要严格澄清公务人员。从最浅的一步说，假如说院部会自然科以上略加以严格的淘汰，地方官自县属的局长以上都以正途出身及资格用人，不特好的青年机会无限，即政治技能也要进步十倍了。更进一步说，国家的铨叙制度若能改得顾全实际，不作若干不可能的限制，一面对一切分门别类的职官，都索求本门本类的确实资格，而不用极普遍不着边的资格限制作铨选，则立时要有好些阔官的亲戚走出郎署，若干无一能而无不能之官僚归于淘汰。请以德国论，自帝制至今，政府经过好几次大变了，但这不是政权之转移，政治技能之运用确永远在一辈"专家郎官"所谓 Geheimrathen 手里，所以才能够政变而事不变，近代式政府之作长久保持。若铨选制度能为国家造成此种技能，乃算是对国家尽职的，因此而有才力青年多有出路更其余事而已。

第二，要改变了考试政策。现在的考试政策似乎是抄科举制度。在前朝，社会组织简单，政治之运用以消极为上，那样的科举制度，虽说考的科目不对，而由此一路登庸官吏，大致是不错的。近代的社会是分职而各求其精的社会，因而近代国家不是当年的原形质，因而当年以登庸官吏为考试惟一目的之制度绝不适用于现在。现在的国家，对社会负鉴定一切人员的责任，所以现代的考试最重要者，是为国家考医师、考工程师、考律师，等等。若考得合法，即是为职业的社会作骨干的工作，也是为才力的青年找非官吏的出路。使青年眼巴巴的直看到做公务员一条路上，是为青年杜职业之路。

第三，自高中以上的学校，要训练并诱掖学生返乡间去的一条路。自清末办新教育，似乎都忽略了乡间的背景。中国之大都会虽然近年很发达，但中国之基础仍是在乡间，虽然政府之财政基础是在上海。教育若老是向这个方向走，实在无异于老是为国家制造外国人。现在的大学毕业生，到内地者，不是做小官，便是做中学教员。本来中国内地没有多少职业，这情形也不足怪。然大学高中之都市生活习气，实足以杜绝向内地发展之路，但能政治少许安定，内地之可服务的机会要增加，这一条是要奋斗着开辟的。而这一条苦路的诱掖及训练，还是政府的责任。

第四，教育当局应该把大学及专科学校之量的方面相当缩小，而于其质的方面力求提高。就失业者一方面说，失业而有用之人固不得了，失业而无用之人尤不得了。失业而有用，犹可以寻得职业而补救之，失业而无用可怎么办？就社会一方面说，无用而得职者可恨，无用而失业者可怜，可怜可恨虽不同，其为国家之无谓负担则一样。现在之大学毕业及非大学毕业青年及非青年之中，失业者固滔滔遍天下，有专门人才而失业者可占其几成？然则政府及社会纵能广设职业，犹不免多失业，这一点是这个问题的最严重的一点了。北廷的教育部对私立大学的设置是漫无约束的，南京的教育部有立案之办法，真是大进步了，然私立学校立案后之考察，国立学校上轨道之维护，都是要永远不断的。有些个所谓大学，尤其是在南方，以财力以人力论，每不够一个好好中学的凭借，若听其永远的制造毕业生，自是足以增加青年失业的。所以我希望教育部能把人力财力不及的学校，不论官私，改做别一阶级的学校，使其与人力财力相称，而国立大学也要集中力量于科门中，免得永远有个出产不易救济的青年之漏洞。

以上所说，都不是就为青年开出路说的，而只是在现有的情势之下，以分配之公平，作青年失业之调剂。这虽是浅肤的办法，然而做到已经大不容易了！

（原载 1934 年 9 月 30 日《大公报》星期论文，又载 1934 年 10 月 8 日《国闻周报》第十一卷第四十期）

政府与提倡道德

政府应该不应该利用他的特殊凭借，去提倡他所认为道德的，本是一件向来有争论的事。除去极端的自由论者和宗法主义的国家，大约都取一种中间之路。不过，在欧洲的这个争执是有一个明显的体态的，即是政治与宗教之关系，即二者之间之分合的程度，在中国则以本无所谓“建置的教会”及宗教义法之故，所以凡是政府所提倡的道德，每每不外下列两事：其一，宗法时代的仪文及其相关联物事；其二，法律所应当制裁而在中国则不能制裁的，转去乞灵于所谓道德。就前一项看，每似无知之表见，就后一项看，更觉无聊了。所以自民国成立以来，每次政府在那里制礼作乐，太息于世道人心之日下，而以一纸空文提倡道德，不特在正面所得结果直等于零，且在旁面适足以助成伪善与虚饰之增长而已。

政治责任与道德本是一个大题目，在这样一篇短文中我不能将纲领说得明白。现在但举出几点来讨论。

第一，近代国家决不能以宗法主义为建设国家组织社会之大原则。故凡宗法制度下所谓道德之崩溃，每是新时代之国家新时代之经济所形成，正不必过为忧虑。在这些地方，政府只好任时代之自然演进。例如女子的贞操，本可不必成为道德问题，其所以成为道德问题者，本是男权社会所造就。这件“道德”，要依女子的经济地位之变动逐渐改化的。又如子女对于父母之独立性，近二十年来在都市大大改变了，在乡村尚不会有实质的改变。这个对应，明显的经济变动为道德变动之原因。道德变动之类乎此者，既非政府的力量所能左右，更非具有近代社会学知识者所应痛心。

第二，所谓公德与私德之分，本是一个绝对不通的流行观念。设如所谓德者，其作用不及于本人一身之外，这简直和一个人的饮食衣服居处的习惯一样，只要不扰乱到别人，便只是他个人的癖性，其中无所谓道德不道德。设如所谓德者，其作用固及于本人一身之外，这便是与公众有关的事了，这便是公德了。以前的中国社会，本以家族为组织单位，所谓国家者，不过是运用征服权能之上层绳索，所以在家庭中之孝悌，在朋友间之忠信，是道德系统之重心，而为公忘私，为国忘己，虽为一般作道德论者所提倡，且为不少理想家所实践，终不成为民众心理上道德之重心。所以损己服公，在西方富有国民训练的民族中，行之甚易；而损公益己，在我们这样缺少家族以外之锻炼之社会中，改之甚难。我们所缺少者，是近代国民之必要的公德素养，包括着为国家送自己的性命在内。认清这一点，则政府与其费许多的唇舌，提倡些社会习俗中的道德，毋宁利用政治的及法律的权能，陶冶国民的公德。这话即等于去说，用政治摒斥一切危害公德的，用法律干涉一切破坏公德的。欧美先进国家之国民训练，本是经过一个长期的政治与法律的陶冶，陶冶既成，才能够以畏法为向义之门，以服公为克己之路。

即如"礼义廉耻"的口号，在上位者登高一呼，自然有无量在下位者四面一应。应自应，而无礼、不义、鲜廉、寡耻，未必不一一仍旧。尤其大的患害是，一般原来鲜廉寡耻者，作此等呼号不已，仿佛托庇在这呼号之下，仿佛他也不算真的鲜廉寡耻者，这真不啻为此辈添一层护符。所以在位者若真的想提倡礼义廉耻，口号是没用的，只有自己做个榜样，把自己所能支配的无礼、不义、鲜廉、寡耻之徒，一举而摒弃之。古来有句格言，"以身教者从，以言教者讼"。教书匠的作用还是如此，何况运用政治之权能者？政府若真的想提倡德义，只好先做一个澄清自己的榜样，也只需这么一个榜样，就够了。

第三，中国人所缺乏者，是国民训练，不是抽象道德名词。抽象道德名词有时自然也很有用处，抽象名词之训练，自然也可在千百个口头禅中得到什一之忠实信行者。但这个究竟不能普及于大众，且在训练有效时分意识上总带些意气性，在躬行上不易于有方法。即如宋明晚年之理学，正是一个抽象道德观念之训练，其效力固能使若干理想家为民族牺牲性命。然而究竟与大众差少相干，而且这些理想家在举动上又是乱来的。现在不需要过于凌空的东西，而绝对需要坚实的普遍的国民训练；不需要道德的口号，而需要以法律及政治“纳民于轨物”之劳作。

请先谈法律。古来所谓刑礼之不合，本是一种社会的畸形现象，而主张刑礼异趋者，又每是些懒用逻辑的竖儒。柳宗元见得透彻，他说：“其本则合，其用则异。”看他那篇驳复仇议之所论，真能一扫礼刑二元论者之误谬。然则政府若果在人民的道德上有兴趣，正应以法律陶冶民德。在立法上固应引进若干反宗法部落的、公民契约论的近代思想（这层颇能办到些），在执法上尤应养成服公从义的习惯，是是非非的良心（这层上却毫无成绩）。须知法律即是秩序，即是训练，这是自罗马以来一切有成的国家的标准。国民的训练者不是元首，不是辅相，不是大将军，而是公正的法官，这是英、美、法、德诸国的历史事实。若凭借法律的陶冶，将来的中国人公心发达，能做到“其子攘羊而父证之”，中国乃真的超越苏拉时代的罗马，而是一个十足的近代国家了。

请再谈政治在陶冶民德上的效能。孟子说：“尧舜帅天下以仁而民从之，桀纣帅天下以暴而民从之。”这话在现在看来自然太简单些，然凭借居高临下的地位者，时机好，运用巧，有时真能移转风气。不过，若想行得通，必先自己做个榜样，即孟子所谓“帅天下”，决没有自己向东，劝人向西，而人肯听的。现在若以政治的力量提倡民德，真有好多事可以做，爱国心、服务心、廉洁的行谊、忧勤的劳作，一切等等，数不尽的。只是这些好东西又都不是空口劝人便能做到的，必须自己立个榜样。以我所见，自北平至南京，是不是有开代的气象，我愧不敢说。我只见天下熙熙，天下攘攘，若不想到国难之深，民困之极，只见到公务机关汽车之多，公务员应酬之繁，外宾招待之周，不相干的事计划的得意，也真够太平景象了。如此的政治的榜样，是能锻炼人民道德的吗？如果一面如此“帅天下”，一面又以制礼作乐，昭显德化，我恐所增进者，只是伪善与乡愿，希意与承旨，所没落者，转是国之四维礼义廉耻耳。

（原载 1934 年 11 月 25 日《大公报》星期论文）

论学校读经

记得十七八年以前，内因袁世凯暴压后之反动，外因法兰西一派革命思想和英吉利一派自由主义渐在中国知识界中深入，中国人的思想开始左倾，批评传统的文学，怀疑传统的伦理。这风气在当时的先锋重心固然是北京，而中山先生在上海创办《建设》杂志，实给此运动以绝大的政治动向。我们从他当时所表现的议论中清楚的看出，他是觉得专是一种文化的革新是不足的，必有政治的新生命，中国才能自立；必有政治的新方案，中国才能动转。中山先生提倡“把中国近代化”之功绩是后来中国人所万不当忘的！……则自建业建都以来，政治上要右转些，本为事理之自然，当为人情所谅解。不料中国人“如醉人，扶得东来西又倒”。一朝右转，乃至步步倾之不已，只弄到去年的祀孔！远史不必谈，姑谈近史。满清升孔子为大祀而满清亡，袁世凯祀孔而袁世凯毙。韩退之有句话：“事佛求福，乃更得祸！”大凡国家将兴，只问苍生，国家不了，乃事鬼神，历史给我们无数的例。祀孔还不算完，接着又有读经的声浪，这事究竟演化到如何一步，我不敢知，我只替国家的前途担心。提倡革命的人们，无论左向右向的革命，总不免把主张说到极端，到极端才有强烈的气力，然而手操政权的人们，总应该用充分的知识、健强的理智，操持中道的，中道然后有安定！特别在这个千孔百疮的今日中国，应该做的是实际的事、安民的事，弄玄虚是不能救国的。

在批评读经政策之前，有几件历史事实应该知道。

一、中国历史上的伟大朝代都不是靠经术得天下、造国家的，而一经提倡经术之后，国力每每衰落的。我们且一代一代的看去，周朝还没有受这些经典于前代，那时候的学问只是些礼、乐、射、御、书、数的实际事件。秦朝焚书坑儒，更不必说。汉朝的缔造，一半赖高帝之武，一半赖文帝之文，高帝侮儒，文帝宗老，直到武帝才表彰六经，然而茂陵一生所行，无事不与儒术相反。宣帝以后，儒术才真正流行，东海边上的读经人作师作相，汉朝也就在这时节起头不振作，直到王莽，遍天遍地都是经学。李唐创业，最表彰的是老子；到了玄宗，儒学才在中天，玄宗亲自注《孝经》，玄宗也亲自听破潼关的渔阳鼙鼓。赵宋的太祖、太宗都是武人，真宗像个道士，仁宗时儒术乃大行，也就从仁宗时起仰契丹如上国，有蕃夏而不能制。赵普号称以半部《论语》治天下，我却不知道他之受南唐爪子金，教太宗以夺嫡，在半部之外或在内？明朝是开头便提倡宋元新儒学的，其结果造成些意气用事的儒生，酿成燕变而不能制。若不是当时外国人不闹，若不是永乐真有本领，中国又要沉沦了。再看偏安的南朝。南朝的第一流皇帝，一个是纯粹流氓刘寄奴，一个是高超儒生萧老公。刘寄奴到底还灭燕、灭秦，光复旧物，萧老公却直弄到断送南渡以来的汉人基业。我说这些话并不是蔑视六经、《论语》、《孟子》等之历史的价值，他们在当年自然有过极大的作用，我们的先民有这些贡献犹是我们今日可以自豪自负的。我只是说，虽在当年简单的社会里，国家创业也不是靠经学的，而一旦国家充分提倡经学，一面诚然陶冶出些好人物，一面又造成些浮文诡化的儒生。不看宋明的亡国吗？儒生纷纷降索虏，留梦炎本是状元，洪承畴更是理学人望，吴澄、钱谦益则胜国之盖世文宗也。事实如此，可知在古时经学制造的人物已经是好的敌不过不好的了。或是当时若没有经术，事情更糟，也未可定，不过当时的经术并无六七十分以上的成绩，是件确定的史实。

二、当年的经学，大部是用作门面装点的，词章家猎其典话，策论家壮其排场，作举业的人用作进身的敲门砖。念经念到迂腐不堪的缺点虽极多，而真正用经文以"正心诚意"的，可就少了。这本也难怪，经文难懂，又不切后代生活。所以六经以外，有比六经更有势力的书，更有作用的书。即如《贞观政要》，是一部帝王的教科书，远比书经有用；《太上感应篇》是一部乡绅的教科书，远比《礼记》有用；《近思录》是一部道学的教科书，远比《论语》好懂。以《春秋》教忠，远不如《正气歌》可以振人之气；以《大学》齐家，远不如治家格言实实在在。这都是在历史上有超过五经的作用的书。从《孝经》，直到那些劝善报应书，虽雅俗不同，却多多少少有些实际效用。六经之内，却是十分之九以上但为装点之用、文章之资的。我这些话不是我的议论，更不是我的主张，只是我叙述历史的事实。若明白这件事实，便当了然读经的效用，从来没有独自完成过。即就维持儒家的道德教化论，在当年五经大半也还是门面的，也还是靠别的书支持儒教。那么，在当年的社会中失败了的读经，在今日反能成功吗？

三、汉朝的经学是汉朝的哲学，“以《春秋》折狱”，“以《三百篇》当谏书”，哪里是《春秋》《三百篇》本文之所有的事？汉朝的儒生自有其哲学，只拿五经比附出场面来而已。宋朝的经学是宋朝的哲学，自孙复、石介以下每人都是先有其哲学，再以经文傅会之，岂特王安石一人而已？汉朝、宋朝的经学在当时所以有力量者，正因本是思想创造的事业，本来不是纯粹的经学，所以才有动荡力。清儒之所谓汉学是纯粹的经学了，乾嘉的经学也就全无政治的道德的作用了。清末，一面在那里办新学，一面在那里读经，更因今文为“康梁逆党”之学，不得用，读经乃全与现物隔开。上者剽窃乾嘉，下者死守高头讲章，一如用八股时，那时学堂读经的笑话真正成千成万。少年学生上此课者，如做梦一般。我不知今之主张读经者，为的是充实国文或是充实道德力量？如欲以读经充实国文，是最费气力不讨好的；如欲以之充实道德力量，还要先有个时代哲学在。不过据六经造这时代哲学，在现在又是办不到的事了。

据以上三类历史事实看去，读经从来不曾真正独自成功过，朝代的缔造也不会真正靠它过，只不过有些愚民的帝王用它笼络学究，使得韩文公发明“臣罪当诛，天王圣明”的公式；又有些外来的君主用它破除种族见解，弄到朱文公也在那里暗用“夷狄之有君不如诸夏之亡”称赞金章宗！

难道相去不远的旧社会中试验二千年不曾完满成功的事，在相去如南北极的新社会中值得再去尝试吗？

以上是历史的考察，再就现在的情形论，尤觉这一面事断不可办。我的见解如下：

第一，现在中小学的儿童，非求身体健全发育不可，所以星期及假日是不能减的，每日功课是不能过多的。同时，儿童青年之就学，本为养成其国民的需要，谋生的资格，自然也该把知识教育的力量发挥到最大无害的限度，以便成就其为有用之人。况且现在的世界是列国竞进的，若是我们的中小学程度比起欧、美、日本同等学校来不如，岂非国家永远落后，即是永远吃亏？在这又要儿童青年健康，又要他们程度不比人差的难题之下，原有的功课已嫌难于安排，若再加上一个千难万难的读经，又怎样办？挖补自儿童的身体呢？挖补自儿童的近代知识呢？

第二，经过明末以来朴学之进步，我们今日应该充分感觉六经之难读。汉儒之师说既不可恃，宋儒的臆想又不可凭，在今日只有妄人才敢说诗书全能了解，有声音、文字、训诂训练的人是深知“多见阙疑”“不知为不知”之重要性的。那么，今日学校读经，无异拿些教师自己半懂半不懂的东西给学生。若是教师自己说实话，“不懂”，或说“尚无人真正懂得”，诚不足以服受教者之心；若自欺欺人，强作解事，无论根据汉儒、宋儒或杜撰，岂不是以学校为行诈之练习所，以读经为售欺之妙法门？凡常与欧、美人接触的，或者如我一样，不免觉得，我们这大国民有个精神上的不了之局，就是不求深解，混沌混过；又有个可耻之事，就是信口乱说，空话连篇。西洋人并不比中国人聪明，只比我们认真。六经虽在专门家手中也是半懂半不懂的东西，一旦拿来给儿童，教者不是混沌混过，便要自欺欺人，这样的效用究竟是有益于儿童的理智呢，或是他们的人格？

以上第一件说明中小学课程中“排不下”这门功课，第二件说明“教不成”它。我想，这也很够反对这件事的“充足原理”了。至于六经中的社会不同于近代，因而六经中若干立义不适用于民国，整个用它训练青年，不定出什么怪样子，更是不消说的了。以世界之大，近代文明之富，偏觉得人文之精华萃于中国先秦，真正陋极了！

至于感觉目下中小学国文及历史教材之浅陋荒谬，我却与若干时贤同意见，这是必须赶快想法的。政府或书店还应编些嘉言集、故事集、模范人格的传记以作教训，以为启发。国文、公民及历史的教材中，也当充实以此等有用的材料。这些材料不必以中国的为限，其中国的自不妨一部分取资于六经中之可懂的、有启发性的、不违时代的材料，这就很够了。

（原载 1935 年 4 月 7 日《大公报》星期论文，又载 1935 年 4 月 14 日《独立评论》第一四六号）

中华民族是整个的

中华民族是整个的!

这一句话怎么讲呢?原来二千几百年以前,中国各地有些不同的民族,说些多少不同的方言,据有高下不齐之文化。经过殷周两代的严格政治之约束,东周数百年中经济与人文之发展,大一统思想之深入人心,在公元前221年,政治统一了。又凭政治的力量,“书同文,车同轨,行同轮”。自从秦汉之盛时算起,到现在二千多年,虽有时候因为外夷之侵入,南北分裂;也有时因为奸雄之割据,列国并立,然而这都是人力强的事实,都是违背物理的事实。一旦有适当的领袖,立时合为一家。北起朔漠,南至琼崖、交趾,西起流沙,东至鸡林、玄菟,这是天然赐给我们中华民族的田园。我们中华民族,说一种话,写一种字,据同一的文化,行同一伦理,俨然是一个家族。也有凭附在这个民族上的少数民族,但我们中华民族自古有一种美德,便是无歧视小民族的偏见,而有四海一家之风度。即如汉武帝,正在打击匈奴用气力的时候,便用一个匈奴俘虏做顾命大臣；在昭帝时，金日磾竟和霍光同辅朝政。到了现在，我们对前朝之旗籍毫无歧视，汉满之旧恨，随清朝之亡而消灭。这是何等超越平凡的胸襟！所以世界上的民族，我们最大；世界上的历史，我们最长。这不是偶然，是当然。“中华民族是整个的”一句话，是历史的事实，更是现在的事实。

有时不幸，中华民族在政治上分裂了，或裂于外族，或裂于自身。在这时候，人民感觉无限痛苦，所渴望者，只是天下一统。未统一时，梦想一统；既一统时，庆幸一统；一统受迫害时，便表示无限的愤慨。文人如此，老百姓亦复如此。居心不如此者，便是社会上之捣乱分子，视之为败类，名之曰寇贼，有力则正之以典刑，无力则加之以消极的抵抗。

中国经辛亥年的革命，由帝制进为共和，一统的江山俨然不改。只可惜政治上不得领袖，被袁世凯遗留下些冤孽恶魔。北廷则打进打出速度赛过五季，四方则率土分崩，复杂超于十国。中山先生执大义以励国民，国民赴之，如水之就下。民国十五六年以来，以北方军阀之恶贯满盈，全国居然统一，平情而论，统一后之施政，何曾全是朝气；统一后之两次大战，尤其斫丧国家之元气。中年失望，自甘于颓废；青年失望，极端的左倾。即以我个人论，也是失望已极之人，逃身于不关世务之学，以求不闻不见者。然而在如此情势之下，仍然统一；在如此施政之下，全国之善良国民，仍然拥护中央政府者，岂不因为中华民族本是一体。前者以临时的阻力，偶呈极不自然的分裂现象，一朝水到渠成，谁能御之？所以这些年以来，我们老百姓的第一愿望是统一，第一要求是统一，最大的恐惧是不统一，最大的怨恨是对于破坏统一者。

这个心理有最近的两个事实明白表示出来，段芝泉先生本是北洋耆旧，论其个人，刚性高节，本可佩服；论其政治的贡献，则师心自用，纵容群下，《春秋》责备贤者，正不必为之讳。然自其避地南归之后，无论何种政治思想者，除共产党外，无不钦佩他，他居然是无疑的民国之元功，社会之三老。所有安福政绩，在国民心中一齐销账。至其最近"股东不同意"（见《益世报》）之表示，尤为社会上称道不已。又如阎百川先生，虽在北方有最老之资格，其人之勤俭朴诚，爱惜地方，尤为国人所称道，然其见识与办法，亦有多人不以为然，且有嘲笑之者。自从他毅然决然飞到南京去，全国人都另眼相看，以为此老毕竟高人一筹，不待耕者有其田，他老先生已经有了全国人的心田！这种国民心理的转移，不是明白表示国人渴望国家不分裂吗？

然而这些天里，平津一带"空穴来风"，有所谓自治运动。若说这是民意，民在哪里？若说这是社会上的事件，请问谁是出名领导的人？若问国人的心，他们只是希望统一，以便安居乐业。雇来的苦力不足为民众，租界上住着昔曾大量剥削人民后经天然淘汰之官僚军阀，不配算领袖，满街撒的黄纸条，都是匿名帖子！天下哪里有不具名的政治运动？黑市上哪里有正人？孔子有一句现成话，“将谁欺，欺天乎？”

所谓要求自治，虽然闻其声（黑路上的怪声）不见其人，而发挥其良心之主张，在平津者有教育界（宣言见上星期日《大公报》），其他各界虽未宣言，居心无二。这个宣言，初签名者数十人，到了第二天，几有千人，这才是民意的负责表示。宣言中指明这是破坏国家领土完整的阴谋，这才是有识人民的明确认识！

我终不相信此间事情就此恶化下去了，因为此间地方最高当局宋商二公之人格与历史是国民信赖不疑的，就宋主任说，他是西北军中最忠实的将军，从冯焕章先生经过无数艰苦，不曾弃他，这地方最足以表显其忠心的气节。忠于主帅者，自易忠于国家，何况他的捍卫国家的勋绩，虽在妇人孺子，至今称道。就商主席说，他早年便是志士，后来在北方军阀罪恶贯盈的时代，他最先在绥远举义。至其卫国之功，正与宋公伯仲。所以我深信他们决无忽然改换其自身历史、堕于大海中之理，所以在此汹汹之局，我们穷学究尚在此地安心默祝国家多福！

不过，伪造民意、扰乱人心的各种阴谋，也是可虑的。负责当局，应以国家民族的立场，把背叛国家的败类，从严防范，尽法惩治！

（原载1935年12月15日《独立评论》第一八一号）

中山大学民国十七年届毕业同学录序

中山大学民国十七年届毕业的同学，嘱我在同学录上写几句序文，我因而想到毕业两个字的意思上。如要评论离开大学的一关，应不应唤做毕业，理当先去想想大学的业，究竟是哪一种业？设若大学的业，只是为消耗三四年的光阴，以便弄得一张证书，就作此为进身社会的阶级，如古来所谓“敲门砖”，那么，不曾毕业的，应该想毕业惟恐不早，一经毕业，可就“谢天谢地，居然完了”。设若大学的业，比这稍高些，是读书之业，则子路先已发过那个“何必读书然后为学”的快论，是很有深理的。读书也只是一种路径，一种手段，一种资助，并不是一种目的，因为书是供我们研究的材料，或者是别人研究的结果，也是我们作研究的工具。我们为扩张知识，因而扩张能力，然后借读书为法子，并不是为读书而读书。不记得服尔德那段笑话吗？当甘底在美洲返国的时候，登报寻一个世上最不幸的人，送他川资，一同回欧洲，应者好几百人，他却选了一位在荷兰图书馆埋头三十年的老者，说这就是最不幸的人。所以大学的业，果然仅是读书的话，我们于“毕”它时，也不用有很多留恋。但是，倘若大学的业，不仅仅是这样，这话可就应该另说了。近代一切在水平线以上的国家，没有不设大学的，没有不以大学为它的社会生命上一个重要机关的。这虽然有甚多的副因，重大的主因却有三样：（一）在近代复杂的社会中，成一个甚有用的人，须有甚妥当的知识，这不是多数人能专在社会中自己找出来的，未通社会之前，应该有个系统的灌输；（二）在近代复杂的社会中成一个工作有效的人，须有性品上的培养，然后做事、做人上站得住，做得出，守得固，这也不是一下子通了社会便习成的，须先经过一个健康的、自由的环境；（三）在近代复杂的社会中，成一个能和其他人分工而合作的人，须有专门的技能，然后可以成事，这不是没有坚固的预备，便能下手的。大学正为训练这种技能而设。就这三项说，则“大学之业”实在是“社会之业”的准备，“开宗明义第一章”。毕业，毋宁说始业的妥当罢！那么，辞大学入社会的时候，与其说一人之经验有限，人类之经验无量；一国之所能有限，列国之所有无量，集合各时的、各地的经验，所得之精华于大学的给我们“打一个底子”。

（原载《傅斯年全集》第7册，台北：联经出版公司，1980年）

盛世危言

《盛世危言》是所谓“同治中兴”后的一部论时政的书，我现在只是借用它这个名字，内容毫不相干。

清朝晚年可称为盛世吗？这在今天看来真是笑话了，要是盛世，何必去革命？这当然是中国传统文人的老调了。不过，为那个时候想想，也未尝没有一个可为盛世的机会：论地方，则二十年的大乱削平，封疆大吏，如曾、左、李者，皆近代之豪俊，他们都把握着积极接受西洋应用科学之要点。论中央，则恭王奕䜣之明识大体，用尽方法节制叶赫那拉氏之胡为，枢臣文祥之忠勤练达，在当时已知上下一心为立国之本，而遗折谓上议院即古所谓谋及卿士，下议院即古所谓谋及庶人，更见其识见之远。论建设，则新海军先日本而成，江南制造之弘规，福州船厂之经营，以及北洋之新政，皆先日本而创始。论事业，则西北戡定，海上无波。论政风，则陋规虽仍旧，大贪污并无所闻。上文所举诸人，仅李氏颇为子孙计，其实尚不如后来的京堂时代的盛宣怀。若其他诸人，则子孙但能作田舍郎吃一碗饭而已。而文祥之廉俭尤有可称道者。他在总理衙门多年，这个衙门在当时乃兼办外交与新政之设计者。一个公使驻北京多年，临行，文祥饯他，他说："我在贵国供职多年，深佩中堂之人物，很想往贵府拜辞一回。"文祥回答："实不相瞒，我总算是国之大臣了（按，当时恭王在政治上居第一位，他即居第二位，即代恭王办政事者），而敝寓寒陋实不堪招待外宾。"这个公使肃然起敬，回国后把这事写在回忆录上。由此看来，贾充、杨素之一门极奢，未必即为晋、隋收到"怀庶民，来远人之效"；而亡清的最后一个满洲政治家，在中国史上也值得一笔。论史事是要公平的，闲话少说，言归正传，那"盛世"毕竟盛不起来，其根本的理由是满族实在办不下去了。醒觉的汉人，决无再受特殊阶级统治之理。

今日乃真是盛世，这迥与传统文人所说不同，我们不可因两千年的文化滥用这个名词而不用，因为我想不到一个更好的名词。而且古时所谓盛世者，到了下列所说，乃为极致，这就是民康物阜，海晏河清，弧矢东来（这就是库页岛的石器渔户来进贡），麒麟西至（这就是阿拉伯贡吉拉弗），越裳南归（这就是我们提携中南半岛的文化），猡犹于襄（这就是去了北方的威胁）。然而照盛极必衰的道理，一旦国家承平如此，必含着衰落的因素，例如大唐天宝时代，便是如此。所以历史上的盛世，每为盛之末，今日之盛乃为盛之始。抗战之实力，先世所稀，不平等之条约一朝而废。惟其为盛之始，故真是盛世，亦惟其为真盛世，乃真需要危言，更惟其为真盛世，乃可受危言。孔子曰："邦有道，危言。"韩昌黎曰："惟善人惟能受尽言，况盛世乎哉!"

"破题"先说了许多，岂不费辞？其故实由于我要说明盛世不可无危言也。至于本旨，实说不胜说，岂止如何者一，如何者二，如何者六而已？今姑以日内所常见于心上者，择要写下来。

其一曰：今日乃真卧薪尝胆剑及履及之时，而决非事既定功已成之日也。同盟国未来之必然胜利亦即中国未来之必然胜利这是绝无可疑的。我们必在几年内打回到老家，并且看见日本没落到明治维新以前的地步，而受到他应受的一切惩罚。又看见我们的国运远过汉唐明之盛世，而对世界将来之维新的大同的文化上有绝重大之贡献。这都是无问题的。不过，实现的时间有早晚，实现的程度有深浅，这却全靠我们的努力来决定。早一年，好一年；深一层，好一层，这关系今后五百年的命脉。我尝想，我们这次抗战，好比唐僧取经，最后胜利是早经决定了的，一如唐僧取经之前，观音菩萨早在如来佛面前说好了的。但是，为功行之圆满，不得不经八十一难，因为不如此不能证真果，在将来即不能佛法常光。

所以我们过了一难又一难。到了今天，长夜漫漫已算过去了，“东方明矣”，佛国在望，然而还有好些难，如火焰山、无底洞等等，仍待我们去拼命，若不拼命而坐待的呵，决无到达佛国之理。诚然，我们的领袖秉周公敬德之心，行诸葛武侯尽瘁之事，宵旰勤劳，乾惕震厉，而为其精诚所感以夙夜从公者，固可各处见到。但是整个的看来，我们今天努力是不是已经到了十成呢？这应该是一切人，尤其是一切在重要的地位者，各个反省一下的。目前的局面，原自显然：有百万的倭寇在我们国土之上，占据着我们的菁华，我们必须把他们都赶出去。这件事固然需要盟国的帮助，就海军论，这是盟友的责任，英、美尤其是美国，必须彻底解决日本的海军；就空战论，这也大部分需要西半球盟友的帮忙；即陆军一项配备也有待于盟友之处，这都不消说。然而陆地上的厮打死打，可全是我们的事。这一条上，别人帮不上我们的忙，我们也决不期待别人帮忙。我相信，在日本海军彻底打败之后，盟军能在中国地带得到空军优势之时，日本的军心是会动摇的，人心是要不稳的。但是，这次交战国家的经验，皆远超过上次大战的交战国，胜利之希望既绝之后，其支持之能力是大的，而且以食粮缺乏使日本溃败，是不可能的，所以我们更需准备反攻，提早反攻，长久反攻。这固有关于盟国之接济，也在乎我们的布置，我们的努力，我们的如何用尽力量而不浪费力量。我想，我们应该有一个口号，这口号便是：一切为反攻。既然一切为反攻，则凡与反攻无直接关系者理应从缓办理，而为反攻所需要者，不论事实如何困难，如有缺陷，皆当整顿，不论环境如何难办，如当改正，即须改正。一壮丁必得一壮丁之用，一加仑油必得一加仑油之用，一斤血汗必得一斤血汗之用。从背面说，其与反攻无直接关系者，纵有关于十年大计，百年树人，也不妨从缓。因为失地早收复一年，即等于十年建设之效力。瞻念沦陷区之痛苦，顿想到陆放翁有诗为证：

三万里河东入海，五千仞岳上摩天。
遗民泪尽胡尘里，南望王师又一年。

其二曰：一代之政风，每造于开国之时，而今日正开国之时造政风之日也。今后百年之气运即决于此时。故今日政风之厚薄，实为百年治乱之所系。就中国近代史论，纯由满洲人办事的一段，不值得说了，只从曾、胡时代说起。曾国藩、罗泽南之办湘军，虽说乡人部曲之观念极重，而且不敢"慨然有澄清天下之志"，究竟把握着儒家传统的要点，"言忠信，行笃敬"，诚而勿欺，慎终于始，所以农夫可以作勇卒，秀才童生可以为大将，此中道理，并无如何开新局面之处。因为曾之为人，本亦是皇甫嵩之伯仲，然而规模典型既在正轨之中，一时天辰颇似有一种清明之气。一到曾之继承人李鸿章手中，风气顿变。李于曾氏，亦曾用心效法，究以天性及少小环境之差别，大不相同了。李为一代之霸才，他的做法却也大杂霸气。我们可以说，曾氏正而不谲，李氏谲而不正。一谲之后，自有如袁世凯者出焉。自曾氏在乡办团算起，到袁世凯余孽消灭为止，约八十年，即自李氏创办淮勇算，也要七十年，然而李鸿章谲而不正之影响，直到北伐统一才算大体结束。由此可见风气造成影响之远，风气转变之亦易亦难。新中国本为国父中山先生所创造，而蒋委员长之创新军，纯为主义之发挥，其弘规亦非罗泽南辈所能想见。两公之创造新局面，民物为之一新，追想清末以及北洋军阀时代之日月，恍如隔着几百年，这诚然是中国史上之一奇迹。然而古人有句话"满招损，谦受益"，我们今日政界的风气是否皆可满意，这是要检讨，要改革，要以理想之局面遗留后人的。今日政界的风气，我一时以为大可以注意者有两件事。第一，如何发动人民的力量。这事可以苏联近事为比拟，纳粹攻苏开始时，许多人认为苏联必早败，因为正在清党清军之后，斯氏政权是要遭严重试验的，然而事实证明绝不如此。这因为斯氏政权虽未给人民以自由，却曾给人民以平等，在封建势力部族榨压之下之人民得到平等，其忠勇是无量的。我这里并不是说苏联可完全为我们取法，但我们却不可不注意苏联是能发动人民力量的。我作一个小小的建议，我们的官，尤其是大官，可以一律“改善”其生活如平民。他们固已有许多如此了，但愿其全数如此。再进一步，“耕者有其田”，何不早些日子施行？今日政府之力量已甚强，根基已甚固，尽不必太多顾虑。如果官不成为阶级，则中国三千年之弊病一扫而空矣。现在官也要抽壮丁了，大是好消息，但愿一切高官之子弟，男则皆从军上前线，女则皆作军人医院之看护，此风推而广之，此意扩而充之，以至于官吏中无富人，有势者不役人，我们的子孙要几百年享受不尽了。第二件事是如何发动在官者尽职奉公之心。诚然，今日奉公尽职之公教人员实不为少，中央如此，地方亦然。然而这个比例，似乎尚未达到理想之大多数，似乎有时与地位之高低，成反比例。做一录事则尽力抄写，做一科员则日夜办稿，此犹可合于孔子之道，曰会计当而已矣。一为司处之长，则有环境焉，有上司焉，有外面之人须考虑其“敌乎友乎”焉。至于长官，则“人事”之困难更多矣。当年胡林翼在湖北与太平军练兵厮打，有个文官是他顶头上司，他已经善于应付了，而犹不时自怨自叹的说：“七分精神对付官制军，三分精神对付长毛。”今日之司处之长，以及更上层之官，究竟用几分精神来办事，几分精神来对付环境？假如用一番宋儒克己自省的功夫，或且偶有人要觉得胡林翼的比例，还不算太坏罢？或者可美罢？其实此等风气之充实也不算难事，只要有几个，或者十几个“其直如矢”之人，“惟仲山甫，刚亦不吐，柔亦不茹”，只是就事办事，不顾环境，不畏上下，社会上之风俗可以立刻醇厚些。这尤在乎在上位者之提倡了。这中间自然也不免要有无故牺牲了自己的，然而当此盛世之始，总要成功的。更有进者，欲人尽职，则必先许人以尽言，假之以礼，而不责其言过，然后一机关之中，首长之与属从，可上下相通，如“鱼之得水”，不仅为主僚关系而已。试看历史上的大朝代，每一个大朝代之安定，总在一个偏于宽放的皇帝手中，例如汉之文帝、唐之太宗、宋之仁宗、明之孝宗，其时发言盈廷，好的坏的都有，有些话，我至今读史尚觉不耐，而当时的皇帝耐之。偏偏这四个皇帝的时代，是四朝中人才最盛的时代，为百年开太平，岂不可怪？昧昧我思之，此中大有道理在。常有人谓，此时人才多，彼时人才少，此皆半是半非不是不非之论。人得际会，得其施展，则为人才，所以邓禹当年所望不过文学，马武所望不过督邮。不得其机会不得其施展，则谁知其为人才？设若诸葛亮遇到明思宗，至多也不过几十个宰执中之一人，或至于断头而后已。然则人才之出，在柔性的时代容易，在刚性的时代艰难，只闻“鱼之得水”为佳话，不闻木之得火为美谈。以上所述四帝，盖以柔弱胜刚强为制造人才之道也。然则今日一部之首，一局之长，似皆可体会以上四帝培养人才之道。大凡中国历史上之治世，每每杂用儒术黄老名法，无儒术无所立心，无黄老无所为纲，无名法无所为用，然则以儒术之忠节为心，以黄老之运用为体，名法之事委之于人，"但持大体而已"，乃最便于培养人才之道也。此义又有书为证，《康诰》曰：

惟乃丕显考文王，克明德慎罚，不敢侮鳏寡，庸庸，祇祇，威威，显民，用肇造我区夏。（按，其中有一二字，以金文习语改传本之失。）

此事为文王之事，此言为周公之言，所谓"不敢侮鳏寡"，按之《诗经》，乃当时习语，即一视同仁之谓，无关深义。若所谓庸庸祇祇，畏天之威，显民之生，其言何其恻隐而柔胜，不意其出于定功之嗣主，用以述其前王之创业者也。

以上所写姑止于此，若尽性写来，"日上数十简"，可为一个不尽的故事。写后自看一遍，顿觉其中但有敝同乡辕固生所称《老子》的话，"此寻常家人言耳"。并无"危言"，只见"迂论"。欲改文题，已来不及，不过，《诗》之教有曰："言之者无罪，闻之者足以戒。"是耶，非耶，或者不相干耶？

（原载1943年5月2日重庆《大公报》星期论文）

天朝——洋奴——万邦协和

在近一百年中，中国造成的伟大的失败固有好几件，而伟大的成就也有好几件，这伟大的成就之一，便是中国由一个古老式的国体，变其形态，加入了近代列邦之兄弟圈中。

这个改变的过程，自然都是过去的事，但其中的意义在现在还有启示性的，所以不妨简略说一下。中国历代的国体，只有罗马帝国大体上可以比拟，这就是说，他不承认甚且不知道有和他平等的国家之存在。罗马帝国固与当时的北方民族信使往还，但他只知道这些民族是些夷狄，他的使者塔西土斯写了一部他的《索虏传》(*Tacitus de Germanes*)，他与东方波斯国的萨山涅王朝常在构兵中，这是东方文化很高的国家，但他也决不承认波斯是他的平等国。所以罗马帝国便是古代欧洲的"天朝"，他平衡四围一切的民族，全以他自己的标准为断，所谓"外国"，只是蛮夷的代名词，而非不管他的事之谓。同样道理，历代的中国，除去宋辽一段似乎有点平等国交以外，也是不承认且不了解世上可以列国分立，平等交往的。汉晋隋唐这样，近代的明清也不是例外。积累二千年之习惯，陶冶在普天率土，中国四夷之观念之中，更以过去的成功坚实其自信心，所以自明末远西人始到中国以来，求通商者总说他是入贡，派信使者总说他是来朝，这并不是当时人矫情造作，当时人的心中确如此想，且不能相信更有其他的观念可以存在。且看乾隆时期英国派遣玛加纳伯爵奉使来华，乾隆给英王的回信（两通上谕）所说的话，如"咨尔英王，海外输诚，重译向化……"一类的话，若译成白话的英文，便等于说"你这个野蛮的国度呵……你不安于你的僻陋的状态呵……羡慕天朝的文化呵"。这在今天读来，不免觉得这位弘历可汗真正糊涂，但在当时人却绝不能觉出他有万分之一的胡闹来。我记得 1922 年我在伦敦有一天听哲学家罗素演讲"中国问题"，他就把这诏书的直译读来，惹得会场笑死。他接着说："若是觉得这话可笑，便不了解中国对外关系之历史的背景；若了解中国，便应不觉得这话可笑。因为中国正如罗马帝国不知世上有他的平等者，这是在当时环境中所必然的。"中国自鸦片战争以后数十年间，与外国人的纠纷，常常由"天朝体制"而起。我看李鸿章在辛丑议和中的电奏，若干关涉主权的大事，在西安的流亡政府并不关心，只是严电李氏力争外使初觐坐黄轿一事，从此可知天朝的宝座，不肯轻易拆除；天朝人物的立场，不是轻易改变的。

但是，这立场，这宝座，终于几度在战舰火器之下拆除了。辛丑以后，办洋务者成为一个新的物种，住大埠者养成一种新的心理。这个顺应次殖民地地位之心理，赤裸裸的说出，便是洋奴。

天朝的心理是自大，也是所谓优越感（Superiority Complex），洋奴的心理是自卑（Inferiority Complex），也是所谓劣贱感。这两种心理，都是不能与他国共处而能处得自然的。

国民革命军北伐以来，洋奴心理阶段应该告一结束，而抗战数年，不平等条约取消，这两种心理似乎全成过去。但是，我们不可大意，这两种心理因有他们长期的传统，并未在人人心中除尽。必须除尽，我们国家方才舒舒服服的繁荣在近代列国的兄弟圈中。读者以为我这是过虑吗？我想未必吧？我看见期刊中常常有妄自尊大的怪文，也每每听到变相"刚巴多"的怪论，这都是阻碍我们取一种自然态度的。

中国既已加入了近代列国的兄弟圈，自无取乎往者的两项态度。今后的外交态度，既非自恃，亦非倚赖，而应该是万邦协和。这一个名词在中国固是一个成语，在拉丁文亦有一个完全相同的成语，即 Commitasinter alias。所可惜者，朋友告我，倭奴也用这个名词，用的他全是倭奴的曲解，犹之乎他说"王道"全是"霸道"一样。我初闻此说，今晚又想不出一个更好的名词来，所以仍用这个名词作标题，只是界说明白，协和是自由意志的协和，非所谓“罗马和平”也。

协和主义之外交，本身是个明显的原则，不待具体的界说他，若必须举例说他的要点，我一时想有下列三点可说。

一、协和主义之外交，是不树立任何敌人的，必不得已而有敌人，这敌人必须是世界之公敌，而非一己之私敌。所以相沿的纠纷，能解决者，总是尽早解决，必不得已，利害相衡，宁可忍痛。所谓悬案，只有国力至强者，方可负担得多多个。国力在培植中者，万不可多有，以免小患变成大害。此外与人相处，最要是“诚”“恕”二字。诚者，心口如一之谓；恕者，能为对方设身处地想之谓。日本人之失败，即失败于自其“开国”以来不取此二字。

二、以上的一义，仍是偏于消极防患的方面，积极方面，我们必须有极其可与深切合作的与国，否则虽少敌人，亦少与国，仍不免为孤立主义。此孤立主义，在将来之世界中无一国担负得起的，连同美国在内。我所谓极其可与深切合作之与国者，即谓在平时可与之取同一之步调，以维持世界和平，万不得已而有正义之抗战，可恃为盟邦，彼力与我力，可应一切变局也。

三、协和的外交，不仅是一个政府对一个政府的事，而是一个全国民对一个全国民的事，所以除非有关国体的事，只有“吾从众”是善策。文化的合作，是国民外交之基础，文化既合作，自不免相互的影响，且正需要此影响。若于此中有所别择，必先于此道细心体会，否则但看到一面别择等于杜塞，杜塞之结果必是疏交。即以中美过去关系论，美国固自海约翰起，树立其对华亲交政策，且自鸦片战争以来，即与英、法异其步调，思与中国交好。正如曾国藩奏折上说“米夷资性淳厚，对天朝时思效顺，并英佛等夷构结似并不深”。——这调子在今天看来真可笑，然确是一件重要的史实。即美国从未参加对华之屈服争夺战也。——然而这二十余年中，中美亲交之基础，并不在商务上、权益上，而在文化上。文化制造一种情感，是比国策纯洁的，且有时比国策还有效，因为国策有时摇摆，感情是不然的。

综括以上几项的意思，则我们今后至少三十年中的外交——建设国力中的外交——应该是“联美、善英、和俄，而与其他国家友谊相处”是也。所谓联美者，有经济上的联系，有文化上的联系，这皆极其重要，而最前要决定的是“世界政策”的联系。这就是说，美国对于战后世界改造之大小问题，我们要参与其决定，而积极的、有效的，加以赞助，助其实现。中美两国人不仅在战争中要做同志，即战后亦当建设长久高度的亲交。有这样的亲交，而中国的国力在滋长中，则太平洋真为太平之洋。就是说半边天下太平了。说到英国，我们先要知道英国不是一个很讲感情的国族，而是一个重理智的国族。惟其如此，故与英国做朋友的本钱不多是外交上的机智，而多是内政上的修饬。官府之效能甚大，经济之进步甚速，文化之开展可佩，社会道德之增进可睹，这样，就是你无意与英国做好友，英国会找上你的门来的。本来这个道理对一切国家皆适用，而对英国尤其适用者，因为对英国更无第二条基本方法也。苏联的外交是百分之百的现实主义者，大凡现实主义者，必作惊人之举；凡曾一度作惊人之举者，必在未来屡作惊人之举。而与现实主义者相处，强则只有也用现实主义，弱则只有充分认识现实，而现实的解决一切。总而言之，统而言之，我们今后五十年中，第一个心思是培植国力，第二个心思还是培植国力。在培植国力中，我们要避免一切可能的纠纷，并解决一切不安的因素，勿以善小而不为，勿以害小而忽之。试看历史上的伟大朝代，在建国之始，哪一个不是在外交上小心翼翼的。一位朋友听我说到此地，来问我："你的意思是不是说，我们现在姑且取老子的柔道，一旦国力建设起来，再发扬蹈厉——一下子？"我回答说，你这话全是战国阴谋之说，我们今天要协和，以建立国力，将来仍要协和，以持盈保大，否则今日之柔，以为他日之刚，便是不诚，不诚是必自食其果的。如日本之为方法改良的义和团是也。朋友又说，你这一些话都是平淡无奇的常谈。我回答说，这话太恭维了。要道理都是老生常谈，如辕固生之说《老子》为“寻常家人言”。

不过我要声明一句，协和的外交，不可解作无所事事坐而待之的外交，相反的，应该是极其积极、极其活跃的外交。我又要附带一句，外交之基础全在内政，不过也有内政甚修饬，而以外交方针之错误招致大祸的，如上次欧洲之德国是也。但却没有离开内政而能运用外交的。

（原载1944年4月2日重庆《大公报》星期论文）

“五四”二十五年

今年的5月4日，是“五四”的第二十五年纪念。“五四”事件已经过去了一世纪的四分之一了。在这样变动剧烈的世界中，一世纪的四分之一，可以有无穷的大变化发生。即在中国，这变动也是空前的。所以若有人在今天依旧全称的、无择的讴歌“五四”，自是犯了不知世界演进国家演进的愚蠢，其情可怜。然而若果“五四”的若干含义，在今日仍有教训性而并未现实，或者大势正与之相反演进，自然不必即是国家之福，其事可虑。

“五四”在当时本不是一个组织严密的运动，自然也不是一个全无计划的运动；不是一个单一的运动，自然也不是一个自身矛盾的运动。这个情形明显的表现于其整个运动的成就上，所以消极方面的成就比积极方面的多。这正是许多人贬责“五四”运动的根据。我以为“五四”纵有许多弱点，许多未成熟处，但这个消极的贡献，却是极可宝贵的，也还是今天甚可警醒的。

何以呢？中国的存在有几千年，自有其长处，即是说，有使他寿命如此长久的缘故。但是，这个几千年的存在，论对外呢，究竟光荣的年代不及屈辱的年代多；论内政呢，内政的真正清明，直如四川冬天之见太阳，“生民多艰”，古今一致。所以恢复民族的固有道德，诚为必要，这是不容怀疑的。然而涤荡传统的瑕秽，亦为必要，这也是不容怀疑的。假如我们必须头上肩上背上拖着一个四千年的垃圾箱，我们如何还有气力做一个抗敌劳动的近代国民？如何还有精神去对西洋文明“迎头赶上去”？试问明哲保身的哲学、“红老哲学”（《红楼梦》《老子》，世故之极之哲学）、虚文哲学、样子主义、面子主义、八股主义、官僚主义、封闭五官主义，这样一切一切的哲学和主义，哪一件不是建设近代国家的障碍物？洗刷这些哲学和主义，自须对于传统的物事重新估价一番。这正如尼采所说，“重估一切的价值”。自然，发动这个重新估价，自有感情的策动，而感情策动之下，必有过分的批评；但激流之下，纵有旋涡，也是逻辑上必然的，从长看来，仍是大道运行的必经阶段。今人颇有以为“五四”当年的这样重新估价有伤民族的自信心；不错，民族的自信心是必须树立的，但是，与其自信过去，而造些未曾有的历史奇迹，以掩护着夸大狂，何如自信将来，而一步一步的作我们建国的努力？这就是说，与其寄托自信心于新石器时代或“北京人”时代，何如寄自信心于今后的一百年？把一个老大病国变成一个近代的国家，有基玛尔的土耳其是好例。土耳其原有回教的加利弗(Califate)，这是土耳其几百年霸权的遗物，在上次大战中还有甚大的号召力，使土耳其虽败不亡。然而基玛尔胜利的进入君士坦丁后，毅然决然的废止这个制度，这因为这个制度之于土耳其，对外虽有号召的大力，在内却是彻底革新的阻碍，基玛尔务实不务名，所以在土耳其境内废止了它。又如中东近东人民习用的红帽子，到屋子里也不脱的，他也为文化大同起见废除了它。至于文字的改革、习俗的改革，处处表现出他要彻底近代化土耳其的精神，他为什么不爱惜这些“国粹”呢？正因为这些“国粹”是土耳其走向近代化的障碍物。

我何以说“五四”的若干含义在今天仍有教训性呢？大凡时代的进展，总不免一正一反，一往一复。最近十五年，东西的若干强国——今日全是我们的敌人——各自闹其特殊的国粹运动，我们也有我们的国粹运动。我们的国粹运动自与他们的不同，这因为我们的“国粹”与他们的“国粹”不同。我们的国粹运动所以生于近来是很可了解的，在颇小限度内，有他的用处，然若无节制的发挥起来，只是妨碍我们国家民族的近代化，其流弊无穷。随便举青年一事作例说罢，不是大家都说今日的青年总是犯了消沉、逐利、走险三条路吗？

要想纠正这些，决不是用老药方所能济事的。无论这药方是汉学的威仪齐庄，或是宋学的明心见性，这个都打不动他的心坎，你说你的，他做他的，要想打动他的心坎，只有以行动启发其爱国心，启发其祈求社会公道心，为这些事，舍生取义是容易的事。总而言之，建设近代国家无取乎中世纪主义。日本在维新之初，除去积极的走向近代化以外，又弄一套“祭政一致”“国体明征”的神秘法门，日本之强，是他近代化之效，而把日本造成一个神道狂，因而把日本卷入这个自杀的战争中，便是这神秘法门的效用。难道这是可以效法的吗？所以中世纪主义也许可为某甲某乙以忽不勒汗的过程成其为呼图克图，而于全国家、全民族，是全无意义的。

“五四”的积极口号是“民主”与“科学”。在这口号中，检讨二十五年的成绩，真正可叹得很。“民主”在今天，已是世界大势所必趋，这篇短文中无法畅谈，只谈谈“科学”。注意科学不是“五四”的新发明，今天的自然科学家，很多立志就学远在“五四”以前的。不过，科学成了青年的一般口号，自“五四”始，这口号很发生了它的作用，集体的自觉总比个人的嗜好力量大。所以若干研究组织之成立，若干青年科学家之成就，不能不说受这个口号的刺激。在抗战的前夕，若干自然科学在中国已经站稳了脚，例如地质、物理、生理、生物、化学，而人文社会科学之客观研究，也有很速的进展。若不是倭鬼来扰，则以抗战前五年的速度论，中国今天可以有几个科学中心，可以有几种科学很像个样子了。即是说，科学的一般基础算有了。恰恰暴雨狂风正来在开花的前一夕。受战事的打击，到了今天，工作室中徒有四壁，而人亦奄奄一息，这全是应该的，无可免的，无可怨的。一旦复原，要加倍努力赶上去。不过，今天的中国科学确有一个极大的危险，这就是，用与科学极其相反的精神以为提倡科学之动力是也。今日提倡科学之口号高唱入云，而为自然科学的建设不知在哪里，其结果只是些杂志宣传，而这些杂志中的文字，每每充满反科学性。大致说来，有狭隘的功利主义，这是使自然科学不能发达的，然若自然科学不能发达，应用科学又焉得立其根本？又有狂言之徒，一往夸大，他却不知科学的第一义是不扯谎的。全部科学史告诉我们，若没有所谓学院自由（Academic Freedom），科学的进步是不可能的。全部科学史告诉我们，近代科学是从教条、学院哲学（Scholasticism）、推测哲学（Speculative Philosophy）、社会成见中解放出来的，不是反过来向这些东西倒上去的。全部科学史又告诉我们，大科学家自然也有好人，有坏人，原来好坏本自难分，有好近名的，有好小利的，原来这也情有可原，但决没有乱说谎话的，作夸大狂的，强不知以为知的。大科学家自有一种共同性，这可在盖理律、牛顿、达尔文、巴斯德诸人传记中寻得之，这些人与徇禄的经生绝无任何质量的相同处，所以今日提倡科学的方法极简单，建设几个真正可以做工作的所在，就是说，有适宜设备的所在，而容纳真正可以做科学工作的若干人于其中就够了。此外，便只是科学家自己的事了。此外，更无任何妙法。工作的环境可以培植科学家，宣传与运动是制造不出科学家来的。

我要提出一个“五四”的旧口号，这个口号是“为科学而研究科学”，读者以为我这话迂阔么？只有这才是科学的清净法门！

（原载1944年5月4日重庆《大公报》星期论文）

现实政治

现实政治是政治的方法论，不能说不牵涉主义，但与主义不是一件事。任何主义都有他的现实政治。社会主义必有他的现实方法，否则将为幻想主义者。民主主义必有他的现实方法，否则必为无能的乱民主。诸如此类，这些现实方法是对于一切政治共同的。若只有现实而无主义，必成所谓机会主义，但若只谈主义而绝不把握着现实，必不能走上胜利之路。我所谓现实政治者，只是如此一套，其中绝不含有马加维利主义，或德国人所谓的“现实政治”。

我所谓现实政治可分三段说：一、认识现实；二、把握现实；三、操纵现实。现在分别说去。

所谓认识现实，必须具有下列要义：

（一）客观主义而非主观主义。客观者，以事实为根据；主观者，以假想为根据。假想的结果，也许可成一家之言（设如有才学，而其职业是文艺），但决不能把事情办好。

（二）智慧主义而非直觉主义。工程师造桥，是智慧的产物。蜜蜂造蜜,是直觉的产物。蜜诚然甚好,然而永远是那一样,何如桥之千变万化因地制宜呢?何况老鸦吃死肉,而自以为美,也是直觉呢。

(三)多元主义而非一元主义。天下事总不能从一面看,从一面看是主观,是疏略,以至于是错误。综合各面的观察,方可得到一个轮廓。我们固不当被头绪的繁多压倒在地下,也不当因头绪的繁多而只取其一线,以为天下之奥妙尽在乎是,总是把头绪理出来方好。若固执一元,以为天下事都是如此如此,最好的说法,也只是一个先天推断的固执论者(Doctrinaire)。学院中不少此等典型,广场上更多此等口号,但处理起事务来决不是如此简单的。

(四)实验室主义而非寺院主义。实验室的精神,是以科学纪律造成心中之疑点,而以实验方法证明或否定之。寺院主义是以起信为前提,起信以后,看到的一切事物,无非是大法之显扬了。实验室主义是充分利用五官,更把脑筋逻辑化;寺院主义则是封闭五官,横切脑筋,岂止"思而不学则殆"而已。

总括来说,那种主观主义、直觉主义、一元主义、寺院主义的人们,若是有学问呢,有风格呢,有天才呢,仍不失为历史上的艺术作品,在中世纪也许被教会列入圣人堂。在现在呢,办一事坏一事。今日之欲创造哲学者何其多?欲骋才情者何其多？欲天下事皆如己愿者何其多？自喜自信他的见解超越中外者何其多？因而不务本业者何其多？总而言之，把事实一切扔开，完全自我发挥者何其多？

要矫正这个风气，只有用客观主义、智慧主义、多元主义、实验室主义。这不是容易办到的，也许客观的事实看来很不好受，因为正和愿望相反；也许运用智慧太费气力，这里边要压制感情，压制愿望，压制冲动，乃至大大牺牲；也许实验室主义他根本无此耐性尝试，以为这些真是多事，更或误把经历当做实验了。但是，自我克服主观，无论如何烦恼，是认识现实之本。

所谓把握现实者，可以这样说：现实之于你我，不是风景可以留恋的，不是史迹可以凭吊的，你，我，人人，都在里边。在这巨流之中，要远远的看到他，要捉到他，要如何翻在他上面，而不为他压倒。那么如何可以把握住他呢？我想，下列几项是不可忽视的：

（一）集体视听。一人之视听有限，众人之视听无量，但若这个集体只以孟子所谓“左右”为限，或以有求有赖于我者为限，是很容易上当的。若寄耳目于大众，乃可视听于千里之外。

（二）集体思想。西洋哲学中有一个名词是“辩证法”，这个名词颇有人以为是与马克思主义不可分的，那是错误了。这个名词古得很，是二千五百年前希腊思想家所造的名词，其原文即是“对辩”，二人正反相辩，理解便如此推衍，玄学家推而广之，遂用以名大道之运行。一个人心中运思的方法，是正反相较，果能若干人有组织的运用正反相较，无论其形式为英国的辩论会，或俄国的小组讨论，只要有真正发挥反面意思的自由，以及假设反面意见的自由，虽中才也可得到高等的智慧。

（三）不失时机。古人说：“难得而易失者时也。”大凡一件事，若先时机而办，固可以坏事；若后时机而办，更无济于事。如何办得恰如时机，必须有先见，有远见，有决断，能立断。果真办得太迟，有些事可以毫无用处，有些事需要事倍功半，更有些事别生枝节。

（四）不省气力。“割鸡用牛刀”，固嫌不经济，割牛若用鸡刀，不知一割需要几年？“杯水车薪”一个比喻，差可以形容无效的改革。吃药要吃得够分量，方有效；办事要办得够分量，方有用。

既已充分了解现实，加紧把握现实，然后运用现实，以完成自己之政略，此之谓操纵现实。认识现实与把握现实，仿佛仍是现实为主，我为客，我是彻底了解现实的客人；操纵现实，则是我为主，现实为客，现实是我彻底的工具。操纵现实的要义，也可举四个例子：

（一）主动的而非被动的。被动者当然谈不到操纵，长久被动，苦矣苦矣。被动者必无先见，要主动必先有先见。

（二）发挥的而非防范的。天下之事，防不胜防。防之固者，无过马其诺防线，其效用何如？大凡一个政权，在其初建立时，防范有其用处，长久之后，力量全在发挥的政治功能中得来。防范是无益乃至有害的。

（三）大韬略而非小术数。小术数者，正如曾子固所说："莫不有利焉，而不胜其害也；有得焉，而不胜其失也。"

（四）进取而非保守。这个世界谈不到宁静，任何一事，不进取者保守不到些许。

再说一下现实政治之敌。他的敌可有下列四项：

（一）感情主义。看现在世界上的大人物，成功的，哪个不是克服感情的，哪些是凭感情而行的？他们的成功，都可证明他们的理智是如何不受感情支配的。

（二）官僚主义。官僚主义的界说，可以这样：① 传事而非办事。所谓传事者，一件事由甲传到乙，乙又传到丙，传之不已，愈传愈无。② 办公事而非办实事。我们是世界上的第一文字国，一切事都在纸上。③ 最大量的懒惰。反正事情坏了，国家亡了，与他无干。

（三）面子主义。面子主义有积极、消极两面，积极的面子主义是务名不务实，我们今后再务不得名了。消极的面子主义是蒙实害，避显辱，那真得不偿失了。

（四）鸵鸟主义。非洲的鸵鸟，在不可拒的敌人迫近时，便把头埋在沙子里，以不见为不有。这自然也是一种安慰，可惜为时太短！人之大患，无过于不见其所不愿见，不听其所不愿听，不信其所不愿信。

夜深意倦，写此“四四一十六”条，直不成文理，而千岁之忧历历现于心上。总而言之，统而言之，我们是个文字国，近代化差得太远，到处看见脱离现实的景象，到处见到脱离现实的有力人物，到处看到八股文字、中世纪主义。有一天走上现实之路罢！这是我日夜祷告的。

目前内政的最大现实，是彻底实行三民主义，尤其是民生主义，这样，政治的大发电机开动了。外交的最大现实，是强化一切大国的友谊，必须有可恃的朋友，必须无假想的敌人，必须友邦的力量我们可拿来用，这样，然后我们中国可以有个建国的机会，可以有二十年的光阴给我们培植实力。这话容我后来再说。

（原载 1944 年 11 月 19 日重庆《大公报》星期论文）

漫谈办学

现在全国学校在病态中，是无可讳言的。造成这个苦境的因素，当然原因不一，有的属于政治，有的属于经济，有的属于时代的动荡，但也有不少由于教育行政和学校当局的措施。诚然，在政治不上轨道、经济濒于崩溃的情况中，办学是很不容易的，但这并不能作为学校当局不努力、不尽责任的理由。因为天下太平，便不需要人的特别努力，越困难越要努力。人类的进步正在此！文化的积累都是由苦难中创设起来的。凡办一件事，要办好，只好不问它的大前提。只有哲学家好问大前提，所以事情就在大前提的思考中停住，办事的人若先问这个时代办这个事是不是合宜，是不是可以为环境使得全功尽弃，那只有不办好了。天下事都是从大处盲目中努力出来的。这时候办学的困难，诚然是极难，但也不能因办学难就不办。要想纠正现在的颓风，我想，要是从下列四项着手，也不是得不到结果的。

第一，政府应尽政府所当尽的责任。现在政府对于教职员的待遇、每月的收入，高级的不过可以够小家庭一家吃青菜淡饭之用，衣、住、疾病、子女教养，完全不在话下；低级的不过够十天二十天的吃饭。这样情形，希望他们能抖起精神来教书，实在是不合情理的。又如既办一个学校，必须有它的最低限度的设备，尤其是理、农、工、医各科。前几年抗战期中，在后方新办的学校，有时它的设备就是一张招牌而已。教员是灾官，学生是难民，衣食无着，又无课本可读，希望他不闹事，实在是不近情理的事。老子说："虚其心，实其腹，弱其志，强其骨。"现在竟是"实其心，虚其腹，强其志，弱其骨"。这样文化膏药，是玩不灵的，政府在今天必须调整教职员之待遇，不要视之如草芥，这道理尤其应该请行政院院长宋公明白。此外又必须给各学校以最低限度的设备，否则名不副实，实在误人子弟，而且闹起事来，更自误了。我们北京大学的教授，自国民政府成立以来，后来没有为闹待遇而罢课，而发宣言，这是我们的自尊处。但若宋公或他人以为这样便算无事，可就全不了解政治的意义了。

第二，学校当局应尽学校当局的责任。现在的学校当局，实在等于几千人或几百人的家长，一天到晚，油盐柴米，啰唆不穷，面对面黄肌瘦的教员，惨剧层出不穷，实在是难过的生活。虽然如此，校长与教授仍然必须拿出他们为青年、为人类的服务心来，如其不然，学校是假的。一个学校，不能名副其实，不如不办，免得误人子弟。所以学校当局在一切事上应尽最大的努力，苟利于学校，虽无所不为可也。对于学生，应存爱惜而矜悯的态度，他所要求，有理的，不必等他要求，就可以做；无理的，开导他，训诫他，乃至惩罚他，都可因事情之轻重而定，但决不可以疏远他，怕他。一怕，事情便颠倒了；一疏远，便不能尽教育的责任了。

第三，学校必有合理的纪律。这些年来，学校纪律荡然，不知多少青年为其所误，风潮闹到极小的事，学生成了学校的统治者。这样的学校，只可以关门，因为学校本来是教育青年的，不是毁坏青年的。大凡学生闹事可分两类：一、非政治性的，非政治的风潮，每最为无聊，北大向无此风；二、政治性的风潮，政治性的必须要问是内动的或外动的。……

第四，学校必有良好的学风。这个良好的学风，包括自由的思想，规律的行动，求学的志愿，求真的信心，师生相爱的诚意，爱校爱国爱人民的愿心。没有自由的思想，便没有学术的进步；没有规律的生活，便没有学校的安宁；没有求学的志愿（兼括师生），便是一个死症；没有求真的信心，一切学术皆无安顿处；没有师生相爱的诚意，哪里还会发生任何作用？宽博的胸襟，爱人的气度，坚贞的风节，乐善疾恶的习惯，都是造成良好的学风所必需要的。我这几个月负北京大学的责任，实在一无贡献，所做都是些杂务的事，只有一条颇堪自负的，便是“分别泾渭”，为北京大学保持一个干净的纪录。为这事，我曾对人说，“要命有命，要更改这办法决不可能”，所以如此，正是为北大将来的学风着想。学风一事，言之甚长，今姑止于此。

（原载 1946 年 8 月 4 日北平《经世日报》）

几个教育的理想

有关办学的几个意思，原想在一个小册子中写出。事忙，未能写成，现在提前说出。

一、平淡无奇的教育

老子说："善用兵者，无赫赫之功；善治国者，无赫赫之名。"这话的道理，随着经验而更加了解，办学也是一样的。办学有他的常规，常规是出不了名，说不到功的。等到有了赫赫之名与功，那个办学法就似乎是有些毛病了，譬如说：我能盖个大礼堂，我能盖一个纪念馆，我能招致一切有名人物，我能扩张，一句话，热闹得很，这个究竟对于学生的学业或学问的进步有什么用处，很难说的。我不敢说"善"办学，但"赫赫"的作风，是我所不取的。我只知道一步一步的实实在在的办，这样也许不能收速效，但速效我是不承认会有的。

我到台大来，已经满一年，我一来的时候便说，我不会创造奇迹。一年以来台大的进步，一半是三十八年度台湾总进步的一部分，一半是同人不辞劳苦的收获，我的贡献只是在那里诚心诚意的办事而已。

这个低调办法的程序是怎样呢？《论语》上有一段：

子适卫，冉有仆。子曰："庶矣哉！"冉有曰："庶矣，又何加焉？"曰："富之。"曰："既富矣，又何加焉？"曰："教之。"

翻译成现在的话，是这样：

孔子到卫国去，他的徒弟冉有跟随他。到了卫国的境地上，孔子说："人多了！"冉有说："既然人多了又怎样办呢？"孔子说："使他生活改善。"冉有说："生活已经改善了，又怎样办呢？"孔子说："教育他。"

这一段道理的重心，就是教育是跟随着生活之后来的，要想一个学校办好，不能不了解学生的生活情形，而致其力。

《老子》又有一节：

是以圣人之治天下，虚其心，实其腹，弱其志，强其骨。常使民无智无虑，使夫智者不敢为也。为无为，则无不治。

把这话翻成现在的话就是：

聪明人的施政，是使老百姓心里面虚，肚子里面饱，野心小，身体好。常使得老百姓没有多的想虑，就是有了“调皮”的人也不敢。捣乱并不做什么事，就太平了。

老子的话，从韩非子到章太炎，把他解释成很有权谋的气味，这也是很自然的，因为《老子》这部书，大约成于春秋战国之际，所以文调如此。但如把《老子》全部看完，可以知道老子是一个生在乱世，悲天悯人，而且富有宗教的意味的人。就如这一段话，如果解释作愚民政策，实在把老子看浅了。这是一个治国的常经。老子自己也说过：“以正治国。”我们要了解这是一个“正论”，而不是一个谋略，才能体会到这一段文章的本义。不过，老子总是把正话说成反话，所以才有这样的情调。老子自己也形容他的话是“正言若反”。

办学和施政有很多相同处，这一段就于办教育的人是很有用处的。纳粹是近代的一种病菌，只有以健康抵抗他。若果不健康，便容易是他的牺牲者。所以，健康自己的身体，是抵抗病菌的第一要义。

这道理在教育上是一样的，有历史为证。抗战以后，我们办了很多大学，很多国立中学，其中有不少只有学校其名而无学校之实。有的所谓国立中学，简直比难民收容所都不如。学校的牌子挂了，学生弄了一大堆，生活（衣食住三项）是不给他解决的，先生是不给他请好的，功课大体上是谈不到的，纪律更说不上。又苦又穷，于是又闷又气。……还有呢？生活、课业、纪律，一方面在那里搁着，却一方面来上一套政治理论的训育，偏偏作这训育的人，每每自己先不曾受到训育。甲一说，乙一说，大而化之，随便说说，又无方案在后头，并且不躬行实践。这样一来，大学、中学的学生政治底“窍”是开了。……

鉴于这个道理，所以我到台大来的初步教育政策是三个原则：

第一，协助解决学生的生活问题。学生的生活问题，大致说起来有五件事：食、住、衣、书、病。说到住，台湾大学在本年三月左右可以住到60%以上，暑假前希望可以再做成20%的住处，还有20%是不要住校的。说到食，现在台湾大学的学生3100多人，用公费奖学金，□□救济金（以上系政府规定），工读，台湾省籍贫寒救济金（以上是本校自定的）得到补助的，有2200多人，还正作少许增加的努力。论到衣，学校目前想不出办法来。论到书，学校也会尽到最大之努力，能买到的，先给他们买到，下学期开学前还可以有几百本学生用书自美国寄来。论到病，最近正在把几个教室腾出，作为结核病较重的疗养室，可以和宿舍的学生隔离。办以上的事，真正艰难，东拉西扯，捐款求人。所有五项，没有一项根本解决。然而既然向这个道路走，学生求学的心绪便好得多。青年是有理性的，他们是容易满足的，只要你有诚意待他们。

第二，加强课业。……课业加紧之后，不能游手好闲。我听说以前台大的上课情形，很多班甚不齐整，现在一年级95%以上，三四年级虽然各院各科目不太相同，但最坏的也要在90%。……

第三，提倡各种课外娱乐。各种的运动、各种的音乐游戏、各种的美术欣赏，都是对于学生的身体或精神有利益的。健康的体格、健全的精神，不是专用加紧课业的办法所能达到的，必须配合各种身体的或精神的修养。

以上的话，总括起来，可以说一句笑话："有房子住，有书念，有好玩的东西玩。"……

二、 性品教育的初步

教育的一个大目的，当要是陶冶学生的性品。所谓性品，本来是一个不容易界说的名词，现在为说明我下列的意义，姑且把这个名词界说为一个人对人对物的态度。上等的性品，是对人对物，能立其诚，这本是中国儒家的道理，但西洋的正统哲学，从苏格拉底到现在的非唯物史观、非极权论者，总多少站在这个立场上。……

把立诚这个道理用在教育上，必须要考察事实、辨别是非。而如何考察事实、辨别是非，必须要不欺人，不自欺。我以为学校的道德陶冶，是不能够“谆谆然命之”，必须用环境，用知识，用兴趣，陶冶他的。

我在台湾大学对于学生的性品教育，只说了一句“讲道”的话，就是“不扯谎”。因为这是性品教育的发轫。这一项做不到，以后都做不到。这一项我确实说了又说，我以为扯谎是最不可恕的。科学家扯谎，不会有真的发现；政治家扯谎，必然有极大的害处；教育家扯谎，最无法教育人。我常常对学生说，我们对这一道可以互相勉励。假如你们发现我有扯谎或者开空头支票，或者有意无意骗你们一下，你们应立刻向我说；假如是误会的话，我要解释明白；假如真是说话靠不住，你们可以用我责备你们的话责备我。凡是做学问的人，必须从不扯谎做起。我的“谆谆然命之”，只有这一项。

我所以重视这一个道理，因为做学问是为求真理的，一旦扯谎，还向哪里，用什么方法求真理去？没有智慧的诚实(Intellectual Honesty)学问无从进步，至于做人，是必须有互信的，一旦互相诈欺起来，还有什么办法？将来学成了社会上的人物，无论是哪种职业，包括政治在内，必须从立信做起。

假如这个道理不错，则扯谎的事，是万万不可恕的。个人扯谎的结果，必至于集体扯谎；遁词的扯谎，必引出故意的扯谎。扯谎成了风气，社会岂有不大乱之理？有扯谎的人或者自己觉得他为一个他自己尊贵的目的而扯谎。……

三、公平

学校需要法治吗？我的回答是“对的”。学校只需要法治吗？我的回答是“不对的”。学校需要法治，而不能以法治为限。这又是算学家所谓“必要而非充足的原理”。学校只有法治，不能成其为教育；学校没有法治，不能上轨道。

假如承认学校在上轨道及维持在轨道上的过程中不可没有法治，则我们要认法治的第一要义是公平。不能达到公平，决不能成其为法治。

公平的第一义，是凡同样的人在一切法律或规则上平等。若果“同罪异罚”，在封建时代还说“非刑也”。在今天，“特权阶级”（即有罪可以不罚的）更是要不得的。……

现在的攻击既已多半不涉学校的事，不理之或由我自了之，同人同学之关心，深所感谢，但不必继续注意此事了。惟尚有两事乞同学留意：

一、这次胡闹只是几个人闹，政府各层原无成见，且已了然也没有任何党或任何派系的主使。若果误会这事有背景，是上当的。这是确确实实的话，诸位务必相信。而且中国社会不是全不讲公理，只要有人奋斗，我是决不向胡闹的人妥协的。……

（原载 1950 年 2 月 6 日《台湾大学校刊》第五十六期）

中国学校制度之批评

追忆在北京大学代理校长任内，事实和理想刺激我的思想，我很想写七八篇论大学的文字。卸任后，事忙，又连生病，除去一篇的大意以外，所有的意思忘得光光……

到台湾大学校长任内已一年又十个月，开始即想写一小册，叙说我的大学理想，一直没有工夫，虽然也有几个意思在杂文里偶然提到，却并无系统的推论。每天为现实逼迫着，我怕久而久之，理想忘了，须知现实每每是消灭理想的。所以我在三个学期中始终不曾教书，虽然每学期开始前总想教一门课，在大学不教书是不过瘾的。然而教书不可不预备，一课两小时，也要至少预备一天或两夜，便分去做校长的时间不少。本学期仍未教书，正为想写《大学理想》。我希望这学年可以写成这本小书，但也不敢必。因为台湾大学校长之事多，是不能想像的，其生活不是可以羡慕的，半年内写成与否，还要看出的事多不多。

在写《大学理想》时，我不是专论台湾大学。专论台湾大学不必写书，办事好了。我要“跑野马”，上下古今论大学制度，或者超于时空，这样才有理想。在写《大学理想》之前，觉得有写一篇泛论中国学校制度之必要，因为大学是不能独自生存的，它是学校系统中之一部，乃至可说社会之一部。大学要尽量成一“乌托邦”，说得硬些，与社会脱离，庶可以不受旧社会的影响，而去创造新社会，但这话终是写意的笔法。大学不能脱离学校系统，脱离社会，犹之乎一人不能脱离了人群。我去年在师范学院曾说过，台大要办好，必须师范学院先办好，因为台大的学生出自中学，中学的教员出自师范学院。师范学院好了，然后中学教师好了；中学教师好了，大学的学生才好。这是真话，不是笑谈。认清学校制度之一体性，所以写这一篇，作为《大学理想》第一序文。

我不是教育部长，所以敢写这一篇文，假如我是教育部长，便不敢写了。因为我现在“不在其位”，所说的话只是我个人的话，无关实行，至多也不过是一个对教育有些经验、有些理想的人一时的想法，所以敢大胆去说。若我在负责任的地位说这话，人家或者误会我想做王安石，天翻地覆，那就不得了了。究竟这一篇文的意思有无是处，要待社会批评；有无可取，要待当局考虑。即使可取，也不可造次，也应在讨论之后，扼要的“说服”之后。我以为政府改革一事，应先做“说服”的工作。当年在大陆上，若干机关常常以“下上谕”为第一着，所以行不通，或者行而不行。最好读者忘了本文作者现在台大任内，因而误以为可有影响，姑以为不过一篇普通报纸上文字好了。但是，我是经过深思的，有人为这题目深思一下，我便感激了。

一、史的略述

中国的历史上是有学校制度的，文明古国，这是当然。当年有私学，有官学。所谓私学，自宋以来，多为科举。所谓官学，唐、宋两代，尚有科别。近代的制度，则始于明太祖，一切一元化，设立的目的是在训练公务员，"敷施教化"，结果只是科举的附带品。无论中央的国子监，或府厅州县的官学，实在无多补益于学术，无多贡献于教化，反而不如书院。倒是四译馆、钦天监等官署，用以训练专才的机构，有点专门训练的性质，然亦无一般教育的意义。

近代学校之设，始于北京政府的同文馆（训练译员）和南北洋的各种学堂，有文有武，全是为吸收欧洲物质文明的，这是应时代的需要而生，零零碎碎，全数也小得很。庚子以后，始普立近代学校制度，由管学大臣设计，出来所谓《奏定学堂章程》。这些章程简直可以说是翻译日本的，日本又是抄袭欧洲大陆的，尤其是普鲁士。尽管普鲁士是个军国主义、封建主义的国家，普鲁士的学校制度却是未可厚非的：第一，普鲁士人办事认真，学校的办法及标准，实事求是，为世界标准之冠；第二，普鲁士的学校制度是在19世纪初年全部崭新计划出来的，不像英国那样一味因袭，从来没有“合理化”过；第三，最重要的，是这一套新计划是接受18世纪开明主义Aufklaerungszeitalter的影响，贯彻这一套主义而制定的。其开始的人如Wilhelm Von Humboldt，便是一个伟大的人文学者。尽管一面充分发挥军国主义，一面也充分发挥在学术上追求理智的精神，柏林大学便是在他手中建立。而柏林大学便为世上近代大学之模范，其中研究与教授相互为用。日本抄了这个制度，很有帮助他在学术事业上的速进。

中国人又从日本抄来，是很困难的，就是人才不够。这在明治维新初期，日本也是如此的。中国新制行了十多年，不无效果，当时官定教科书比后来的高明多（以后真是每况愈下），各省的高等学堂（即同于日本的高等学校）很有成果。自1911年起，改起来，一步一步，到十年而大改。这些改动，可以一句话归纳，就是说，受美国影响，学习美国。美国影响之来源有三：一、美国退还庚子赔款，派了大批留学生，又创立了清华学校，清华学校便是一个典型式的美国High School或Junior College；二、教会各设学校，功课比较认真，而且遍及东西南北中，这自然很有影响；三、留美学教育的回国，尤其是哥伦比亚教师学院的，大提倡美国制。当时的江苏省教育会便“把握时机”，大大鼓吹改制。这一段，我不在中国，不曾亲身体会，等我归来，听一位教育专家高谈“三三制”。我便问：什么是“三三制”？我以为他说得出奇，他以为我问得出奇，犹如 Galsworthy 小说中一段，一个年轻人说“OK”，一个老太婆问他“什么是 OK？”。

我以为学外国是要选择着学的，看看我们的背景，看看他们的背景。当然，定一种制度也和定民法、刑法一样，完全求合于当前的环境，便不能促成进步；完全是理想，便无法实行，当然混合一下才好。即如在学校制度上学外国，要考察一下他们，检讨一下自己。欧洲大陆的学校制度，有很多的长处，然而我们没法全学，因为欧洲大陆（德、法等国）一般学术水准甚高，人才可以说是过剩，所以学校的标准，可以高之又高，如中国学这个标准，全国至多办三五个大学。德、法等国，学校官办，这极容易引起极权主义，然社会中的自由开明力量又限制着它。英国的学校，也有它的特长，即如牛津、圜桥，生活第一，学问次之，也未尝无它的道理。但中国是阶级性少的——至少应该如此——照英国式办学校，有些办不到，也不应办到。至于认真而又实践，节用而又收效，则是可学的。又如美国，新的规模、生动的气魄，是当学的，然而它的花钱法是我们做不到的。偏偏中国学生，一学外国，每先学其短处，这也因为短处容易学。学德国，先学其粗横；学法国，先学其颓唐；学英国，先学其架子；学美国，先学其花钱；学日本，先学其小气。

那么，自从民国十年前后，学校"美化"改制以后，便一直下去吗？这又不然。每一任教育部长必有新猷，亦必因其所留学国所学之科不同，而有崭新的见解。上任稍久，发展其抱负，便有一番作为，原来的固不便改动，新加的却无人阻碍，这也不限于教育部长。凡能影响教育部长的，也有此效力。于是一层之上，又加一层，旧的不去，新的又来，于是而中学课程之繁重，天下所无；于是而中学课本之艰难，并世少有；于是而大学之课程多得离奇；于是而中小学生之身心，大受妨碍。这是学外国吗？外国无一国如此。这是达一种理想吗？也不曾说出是何理想。加以中国文字之比较困难，外国文之应该早学（中国科学书不足之故），公民一科之标准奇高，小学常识竟比美国 College 常识还要高得多，等等，于是乎一切多成了具文，就是说，章程上高矣美矣，事实上是做不到——这一点倒深合中国国情！

所以 1949 年前的学校制度，是抄袭的，而不可说是模仿的，因为模仿要用深心，抄袭则随随便便。只可说是杂糅的，而不可说是偏见的，因为杂糅是莫名其妙中的产品，偏见尚有自己的逻辑。只可说是幻想的，而不可说是主观的，因为幻想只是凭兴之所至，主观还可自成一系，并模仿。偏见、主观还有些谈不到，便是中国学校制度。

其实我这话也说得过了火，因为做了将近两年的台大校长，深感苦痛，才有这些话，纵不无道理，也近于偏激。假如中国社会上轨道，就是现在的制度也不为大累赘。即如美国学校制度，毛病何尝不多，然而成就所以好者，因为社会不同于中国社会。但是教育制度不曾促成了社会上轨道，也是事实。

……教育确不曾弄好，教育界的人也未曾尽其最大之责任，这话是对的。若说一切祸害都出于教育界，是不能服人之心的。教育影响政治，远不如政治影响教育，历史告诉我们如此。抗战十年，兵疲民敝……教育界的千不是万不是，是在一个懒字。假如学会日本人之努力，40 年中，译成有影响于思想文化的大作千部，作成百部，最不济，打个对扣，高文典册，藏之名山的，不能计入，那么文化教育界也不至于如当代之真空状态。……只是教育学术界未免太懒，读书只在怡然自得，青年心中的问题，不给他一个解答，时代造成的困惑，不指示一条坦途。……

二、针对现局设立五个原则

当前的教育局势可以这样简括的说：制度因积累而不免零乱，办理的时候又不顾及现实，或以官样文章出之，于是教育颇有不小一部分成为无结果的教育，此种无结果之结果，便是增加社会的混乱。

针对现局中之弊病，作为改革的原则五项，如下：

第一，现在是层层过渡的教育，应当改为每种学校都自身有一目的。

进国民学校为的是什么？当然是为升入初中了。进初中为的是什么？当然为的是进高中了。进高中为的是什么？当然为的是进大学了。进大学又为的是什么？当然是为一张大学文凭作为资格了。假如研究院设的多，还要用政府公费进研究院，不达不止。一句话，一切学校都是过渡学校，今天过渡到大学毕业为满足，不然不满足，将来还要过渡到研究院毕业为满足，不然不满足。其不幸的，乃走师范、职业、专科几条路，仿佛像五贡岁举，各种杂流，心绪也够烦恼了。这能怪学生吗？不能，他们当然不肯无故居人下。这能怪家长吗？不能，“既见其生，实欲其可”，谁顾自己的儿子是个“监生”，“未入流”！况且许多习惯、许多法令，只是官样的编资格，不是认真的问能力。这在国外，可有些不然。即如美国，作技术事业的非 College 毕业不可，目下且非有 Ph. D. 不可之势。至于社会上一般事业，可并不如此，有能力，自有出头之日。即如杜鲁门总统，他不曾在 College 中读过书，况且美国的 College 在大学与高中标准之间，他竟做了世界第一强国的总统。一切这个大王，那个大王，哪个不是穷光蛋出身，连“国学士”都未曾混上（“国学士”是台湾朋友告诉我的一个妙名词，指国民学校毕业生而言）。偏偏中国的社会过重形式，加以科举思想至今仍深入人心，像美国那样海阔天空的凭努力创造一生，原来不容易。

但是，虽说如此，若一直下去，社会是不会健康的；教育成了变相的科举，是不能建近代型的国家的。

这个事实，使得一切办学校的感觉困难，学生在校以升学为目的，不以求学为目的，于是应做的事，不易做通，不必做的事，须做许多。这在大学尤其不了。即以两年中台大招生论，台大已尽其最大努力，而标准已经降到无法办。大致情形是这样：去年新生招考录取 803 人，正标准四门主课加起来达 200 分；今年招考录取 866 人，正标准是四门主课加起来达 165 分，因为今年算学题难些，国文亦略难些，故降低 35 分。此外尚有补充标准，所以补救一科有特长者。招进来的学生是这样：以今年论，录取 800 余人中至少有 150 人英文奇劣，又有很多人算学零分。英文之劣，劣到不如好的初中毕业生的达百数十人（或者尚不止），准备给他读两年英文。然而第一年数、理、化、动、植等科课本都是英文的，因为中文的没有，有也买不到。这怎么办？真够伤脑筋了！再以中学毕业升入大学、学院、专科之人数论，据教育厅统计毕业生升学者约为二分之一强，这样高的比例，在国内是没有的，在美国则是只有四分之一入大学的。有这两样情形，可以说，升学不算一件大不满人意的事了，然而不然，我为此事便成众矢之的。至于大学内的感觉，可就完全不同了，好些先生经常叫苦，以为收了这么多学生，实验难，改练习也不易，尤其是不少成分学力太差的学生拖得程度好的学生颇难前进。想一个办法，不行；再想一个办法，又不通。累年淘汰吗？学校不能不淘汰不进步的学生，好比人之不洗澡，是不能维持健康的，然若大量淘汰，又是纠纷。自我到台大以来，学生人数激增，转学生去年两次收了五百多，今年收了二百多，不知苦求了各系多少次，作揖打躬。以全部学生数目论，已增加百分之四十以上。这总算努力了罢，而批评的正是相反！假如以为入大学是在混资格，不在读书，自然好办，但这是我绝不能接受的；假如政府当局有此方针，我只有走开。假如办大学是为读书的，大学不是混资格的，这本来不成问题的，然而困难就来了。目下收学生，在教学上已经问题百出，有的已经解决了，有的还在伤脑筋！

然而我不能怨批评的人，因为一切学校是过渡学校，过渡到大学然后止，不到不止。当年生员、举人、贡生，还可以老死，现在是非得到所谓某种学士不止。可叹得很，光绪戊戌年，已经谈到废科举，庚子后，真废了，改学校，然而国民思想还是如此。现在各级学校的办法，又是助成这一条“本位文化”的。

为改变这个风气，必须每一种学校有它自身的目的，毕业后，就业而不升学者应为多数，升学而不就业者应为少数。每一种学校既有它自身的目的，则在课程上、训练上，应该明明表现出来，必须使其多数学生毕业后不至于不能就业，才算成功，若专为升学，岂不全变了预备学校？清朝的制度只有高等学校或大学预科是预备学校，现在几乎一切都是了。

第二，现在是游民教育，应当改为能力教育。

因为一切学校成了过渡学校，一切教育成了资格教育（即当年之所谓“功名”），自然所造出来的人，游民多而生产者少了。经济学家的传统学说，称一切不直接生产的人为非生产的人，当然，在文明社会中，不能如许行之道，每人躬耕而食，但无其必要而不能生产。坐食的人，实在多不得，因为他们多了，便是游民多了。唐朝的韩愈辟佛，专从社会问题出发，当时的和尚、道士、尼姑、道姑是逃避兵役、逃避租税、逃避劳动的人，弄得遍天下都是，于是韩公大叫苦：“古之为民者四（士、农、工、商），今之为民者六（加上释、道）。……农之家一，而食粟之家六；工之家一，而用器之家六；贾之家一，而资焉之家六，奈之何民不穷且盗也！”他忘了一件，“士”也太多，也是消耗他人生产的。晚周思想发达，游宦也发达，寄生虫在一个豪家，便是"食客三千"，偏又不安分坐食，到处闹事，六国之衰耗与此大有关系。韩非《五蠹》之论，虽然偏激，也不是无谓而发的。

历史上的科举制度造出了些游民，为数究竟还少，然而在都邑也够奔走权门，在乡土也够鱼肉乡里的了。学校承袭科举制造游民，效能更大，学校越多，游民越多，毕业之后，眼高手低，高不成，低不就，只有过其斯文的游民生活，而怨天怨地。有些制造"高等华人"的大学，在抗战中，其贡献不与其名望相称，倒是有的比较实际的，在抗战中颇有效能了。举一例，同济的工科，是德国高工型（Technikum），而不是工科大学型（Technische Hochschule），后来虽有改变，然原有的底子仍在，是注重实际与实习的。抗战时，兵工厂大增，他们就很受欢迎。那些高自位置的，可就无所用之。

游民在社会中原是寄生虫。假如仅仅是装饰品，还可。做了寄生虫，被寄生的主人就是国家，可受不了！今天的寄生虫何止儒、释、道而已，各种各类，不生产而又享受，不能作社会上有用的人而作农民工人的担负。有时偌大的一个机构几乎 80％以上是社会中寄生分子。……

而且中国教育还有一个功能，就是制造"高等华人"。"高等华人"就是外国人。一个人和社会的下层脱了节，大众所感觉、所苦痛的，自己不能亲身了解，便成了“外国人”。这样“外国人”，尽管有的心意很好，是在空中楼阁中过日子的。我出身士族的贫家，因为极穷，所以知道生民艰苦，然我所受的教育是中产以上的，是由于亲戚的帮忙。在中国、英国、德国的大学中，震于近代文明的灿烂，心中有不少象牙宝塔，对于大学的观念，百分之八九十是德国型，所以民国十五年回来以后，一切思路以欧洲开明主义时代以后的理想为理想，同情农民，而不了解农民。等到日本人打来，直跑到川藏边界上，和乡下老百姓住在一起，方才了解他们怎么样，他们需要什么。他们需要的是达到他们生活的生产力，他们最不需要的是游手好闲阶级，偏偏我们的教育不帮助他生产，而大批造成些剥削他的人。请问大学毕业，下乡的有几分之几，中学毕业肯做木工、铁工的有几分之几？

所谓游民，有的是因为无能力而游，有的是因为“不甘居下”而游。痛改这个毛病，是学校的严重课题。针对这个毛病，学生在各级学校，应该受到能力的训练。所谓能力的训练，就是生产的训练，和文明社会必要的技术的训练，而且还不要养成他高自位置的心情。在大学应该有些别样情形，此意后来再说。

第三，现在的学校是资格教育，应该改为求学教育。

读者或者觉得我这一条原则说得奇怪，现在的学校难道不是为的求学吗？当然，无论如何坏的学校，总有一部分学生在求学，然而整个的看看，这样的课本，艰难不通，能达到求学的很大目的吗？这样的教法，能达到求学的大目的吗（这当然不能一概而论）？所以入学校第一件事是在升级毕业，先生不好无所谓，设备不好更无所谓，只有毕业文凭乃真是要紧的，这究竟目的在学业还在资格，便很清楚了。假如中国人重视学业，轻视资格，或者重视学业过于重视资格，有好些学校是不会办下去的。

记得30年前吴稚晖先生有个妙比喻，就是“麦筋学生，油锅学堂”。学生的质料本只那么大，然一入某一种学堂，一“炸”之后，变得奇大，外表很有可观，内容空空洞洞。现在还是这个样子，只要资格，就是说，炸得块头大大的，然而国家实在不应该老是开油锅的。

第四，现在的学校是阶级教育，应该改为机会均等教育。

所谓一切人一齐平等，本是做不到的，因为天生来在资质上便不平等的。但因为贫富的差别，或者既得利益的关系，使能升学的不能升，不能升学的反而升了，确是不公道，而且在近代社会中必是乱源。因此，社会上的待遇，虽无法求其绝对平等，然机会均等却应为政治的理想。所谓机会均等，并须先有教育机会均等为根本。

我以为待遇绝对平等，是做不到的。也许经过二三百年后，人类进化——目下正在退化——各尽所能，各取所需，或是做得到的，现在还远得很。早期的理想主义者，原有平等待遇的说法，但自19世纪下半叶以后，再没有这样学说。相当接近是应该的，绝对平均是有大害处的。目下资本主义的国家，不消说，即如自称为社会主义的国家，也并不如此，且其薪水差别转比美国为甚（如苏联）。自从19世纪末期，连无政府主义者都放弃了同薪同酬的说法。现在世界上只有我们从抗战以来实行"许子之道"，大鞋、小鞋、新鞋、旧鞋、好鞋、坏鞋，卖一样价钱。① 这事的结果，必然造成技术落伍、生产萎缩等等无以自存的现象。此意后来再说。

但教育均等，却是在中学以上必须做到的。做到的办法大略如下：

一、国民教育必须做到宪法上的要求，凡是适龄儿童，除非因残废疾病，必须受到国民教育，这是国家在教育上第一件当努力的。在台湾省，初中四年，也应于十年内变为义务教育。

二、在初中四年毕业后的层层升学，可要看他们的天赋和学力了。应该一步一步加紧。一面各地方各团体广大

---

① 孟子："巨屦小屦同贾，人岂为之哉？从许子之道，相率而为伪也！恶能治国家？"

的创设辅助升学的名额，专给贫穷人家的子弟，远比办烂学校好得多，一面各级学校总要多多少少维持一个适宜的入学标准。由上一说，穷人而值得升学的，可以升学；由下一说，有钱有势的人的子弟，不值得升学的，不可升学。此外，各公立学校中尽量设置竞争式的奖学金，一切的努力在乎使贫富不同人家的子弟得到教育机会的均等。在资本主义的国家，钱为第一，即如大英帝国，在它“日之方中”时，一切人的价值似乎都以钱量它。19世纪末老张伯伦便曾作过类此的一个“名言”①。在资本主义未甚发达之落伍国家，另有些除金钱以外的怪势力，支配着社会，所以我们现在必须把“有钱有势”作为一谈。其实“有钱有势”的人的子女，无论如何，总要得到些便宜。例如，在家不必操作，更有教师补课，等等，所以绝对的平等如“化学纯净”一件事，是做不到的，然而大原则的平等却是我们必须祈求的。

这一点我们还要打一个折扣，否则又成幻想者。这个折扣是这样，国民学校毕业后，如果“升学”，仍大体是受家庭环境的影响，无法以才学判别。中国人大多数是农人，城市中大多数为工人（至少应为工人），农家工人的子弟在国

① 在朝党为筹党费，可以出卖爵号，众议院质问，何以某人原是贩卖南非人口劣行昭彰的人而得男爵，于是张伯伦回答：大英帝国，凡人能致大富，即值得政府考虑（大意如此，原文不尽记）。

民学校毕业后，我们要设法拔擢特别好的，辅助他“升学”，但这数目是有限的。多数如果继续读书，总要走职业学校一条路，但职业学校出身而有天才者也应该给他一条“进修”的道路，说法详见下章。至于中等学校以上，可就必须以天资学力为就学之原则，其他一切减之又减，以符教育均等的原则。

第五，现在的学校颇有幻想成分，我们应当改为现实教育。

幻想不是理想，尽管理想中可以包括幻想，也是时常包括着。理想者，有一个高标准，而不与现状相同，如何并能否由现状达到理想，便决定这个理想的价值。幻想者，妄作聪明，学而不思，思而不学，以至做梦，多半并无目的。假如说我们的学校制度不含幻想成分，我请以下列问题回答。

一、我们这一套学校，照他的性质，照他的数目比例，为的是什么？

二、我们这一套学校，抗战以来，越来越多，可曾于创办之前想到师资从哪里出来否？

三、我们这一套学校，学生毕业之后，究竟能有多少就业？就业后效果如何？可以不为社会之累赘否？

四、我们办这一套学校，曾用何种方法使他一校有一校之作用，而不是仅仅挂牌子发文凭？

五、我们国家的人力物力，能办多少？办了后，能否增进人力物力，以便再去办？

这些问题，不过举例而已。假如对这些问题不能做一自信的答案，那么其中含有幻想的成分，大约不免罢！

以上的五个原则，第四项的方案本段中已举大意，第五项在下文"基本条件"中说，所有第一、二、三、五项，综合制为方案如下，这个方案也只是大略。

三、方案

（一）正名。中国人的思想中，"惟名主义"太发达，这是根深蒂固的。偏偏我们抄日本制度的时候，抄了些大、中、小、高、初等名词来，使得人心更为不宁，谁肯安于初？谁肯安于中？在其内者已如此，社会也一样看待，这真是助成一切学校为过渡学校的、大学专科为"油锅学校"的。看看西洋，名词中甚少大、中、小、高、初，各有其名，原自古语。即如college一字，在今天，最高的如罗马教廷之College of Cardinal是选举教皇的枢机主教集体，美国之College of Electors是选举总统的各州代选人集体，可谓高了。然在美、英，有初中程度也称为college的。又如academy一字，最高者如各国之国家学院，最低者如美国私立之military academy，naval academy，连国民学校五六年级都可在内，更等而下之。侦探跳舞学校、马戏班子，也如此“涣汗大号”。又如 lyceum 一字在法国专为女中用，在他国兼用在男中上。又如 gymnasium 在德国是高小、初高中、大一的混合体，然在美国、英国则为健身房之用。school 的用法更广。这些名词皆源于希腊拉丁，用之久，大乱特乱。

中国的公私学校原来也有很多名称，学、校、庠、序、泮、塾、监、辟雍、书院、精舍，多着呢。当然太古老的名词不能再用，然若把现在的名词改上一套也不是没办法，在“惟名主义”的中国，这办法也不是一定不能减少过渡观念的，犹之乎当年的贡生，也是可以安慰人们自居于“同进士出身”的。我的正名的提议如下：

国民学校。一国之中，莫大于国民，这名字好极了，不可改。

初级中学。改称“通科学校”，增为四年。通科者，普通之谓，若毕业者自以为通人，也好。

高级中学。这是现在学校系统中最麻烦的一点。我以为将来或者附于大学而称“预备学校”（只有这个名词不够高），或单独设立而称“书院”，或与初中联合一起，亦得称为“书院”。

初级职业学校。改称“术科学校”，此为类名。在每一学校名称中，不必加上，如加上，太啰唆。①

高级职业学校。改称“艺科学校”，此为类名。在每一学校名称中，不必加上，如加上，太啰唆。

专科学校。仍旧。与通科学校相对，典雅得很！而且专才通人，谁上谁下，谁也不知道！法国的数学考试有 mathematiques speciales 及 mathematiques generales，照名词看，应该前者浅、后者深，事实正相反。

大学。大学本是学院之集合体，故改称“联合学院”亦无不可，然此似是多余的。

“名者实之宾也”，我们不能以改名称为满足，然改名称也许与我提的新制更配合些，以下即用此一套新名。

（二）每一种学校都有它自身的目的。这就是说，它在每一种学业，便得到了在那一种学校的智能与训练，便自成一个阶段。升学，要看情形，不升学，入那所曾毕业的学校也不为白费。一切种学校如不能每种都有其自身的目的，则必使一切学校成为过渡学校。

---

① 按，外国所谓中等学校（Secondary Schools）是类名，一校之名称中并不加上，职业学校（Vocational Schools）亦是类名，一校之名称中并不加上。所以会计学校便应称为会计学校，不必加上“初级……职业”等字样。台大医院设护士学校，依法应称为“台湾大学医学院附设医院附设高级护士职业学校”23 字，我擅自删去“医学院附设”五字，其实“高级……职业”四字照样可删也。

国民学校当然有它自身的目的，就是教育幼年人成为国民，凡未入国民学校的，很难尽他做国民的本分与力量。国民学校办得好的，便能使其毕业生成为能在社会上做有用的国民。这中间，包含6—12岁儿童身体之发达，诚实爱人意识之发达，在大轮廓上了解人与人的关系，人与物的关系。学科的意义必须充实，而学科的程度，万不可高。高了，无效果，且妨碍身心。

等到国民财富大有进步之后，我们可以希望一齐进入通科学校（初中加一年），即以国民学校及通科学校为义务教育，共10年。但这一句话10年20年内说不上，所以义务教育只能以国民教育为限。国民学校毕业了，到哪里去？在这时候，援用教育机会均等之原则，是不行的，一切家庭、地域、财力不均等，那么在这一段上，只能受家庭及其所在的环境支配了。尽管国民学校特别优秀的学生可以地方及团体之公费升入通科学校（即初中加一年）。

在这一段，有两条路可循，一入通科学校，一入术科学校（初级职业学校），两条路皆不简单。通科呢，又是国民学校的继续，通科之后又如何呢？术科呢？此等学校以性质论，大多数与此时之学生年龄不合。

所以通科学校的制度（即初中）应当有些改革，以应此一阶段的需要。现制初中3年，高中3年，号称进一步，然大体是重复，不引人发生兴趣，且初中3年，实在太短，倏忽而过，颇为白费。我提议的改变如下：

改初中为通科学校，分为两个阶段。前一个阶段两年，后一阶段两年，其中科目，约有四类：

（一）语文科。汉文、英文，由浅入深，万万不可以求高相竞，必一步一步的实实在在的求进益。

（二）陶冶科。公民（或曰修身）、音乐、美术等。

（三）体育科。

以上3项，4年一贯。逐步为之。

（四）知识科。此中必须分为两段，如下：

前段。包括数学（含算术、浅近代数）、几何（先作图画）、地理（自然及人文二年）、博物，二年。

后段。包括数学（含代数至二次方程基本式、平面几何、勾股等名之定义及施用）、历史与社会，二年。化学一年，物理一年。

前段所以接触外界，后段则是用心思之事，两段亦各自成一段落，第一段落圆满结束时，未尝不可另就术科学校省去一年。如此则第一段落实为国民学校之继续，若干国民学校有设备及成绩者，可以增设此两年于其中，称之为“进修科”。

通科学校中知识科各项，凡以后不须此类科目者，即不须重学，故科目须减少，而材料及教法必须切实。

我所谓术科、艺科（即初职、高职），大体可分为两类：一类是社会上一般需要的，如打字、速记、簿记、会计（浅近的）、开车（包括修车）、烹调、家事等等，多得很，无法事前规定，只能因社会之需要而随时定立，这是少数。又一类是要附着在工厂、农场、林场、船厂、渔场、铁路、矿山、医院等等机构而设立的，便拿他所在的机构为实习场所，也因他所在的机构而定科目，这是多数。这多数的一类，应该以附着在事业机关为原则，这样才能有效，才能学了得到职业。这样的学校很难定何者为初级，何者为高级，当因其入学前之程度（例如国民学校毕业入学，或通科学校毕业然后入学），并因其所学之年数，而定差别。其中并须附带着一部分普通教育，此等普通教育须与学生的年龄配合，以使之成为更有用之国民。

这是一个"商品陈列馆""博览会"，五花八门，然而也有一个基本原则。这就是：一面必须真正得到技能，一面仍附着一部分普通教育，使得他后来可以发展。这一类是没有法子定一个简单规则的。科目决定他的年限，年龄决定他的教法。20年来，政府几乎禁止事业机构办学校，这是不对的。…… 我们必须以普通教育助其发达身心。

以前的职业教育，有些可笑的事情。所谓职业，有时社会并不需要，因而学了无以为生，即如造肥皂，在今天是大工厂的余业，单人学了不能自行生产，即等于白费，这是要在工业机关中办的。又如社会上一般中等而下的自由职业，假如社会不需要，或不多需要，学了又是白费，这是应当针对社会而办理的。

职业学校（我所谓术科、艺科）最大的困难，在乎年龄与学科不配合，十二、十三岁以上几年的一个阶段实在是无法学职业的。因为家贫，无法入通科学校，然后入此，因而更要办得好才可以，将来还须为他们设备补习学校之类。这一套计划，本文中不能详说，我也未曾细想。在台湾，因为人民已有 80%是国民学校毕业者，似乎可以定一个十年计划，使义务教育逐步延长 4 年，即至通科学校为止。

职业学校既然有这些困难，我们要在这困难中选择出最难解决的困难，先克服之。我以为最大的困难在乎职业一义与 12—16 岁的年龄不相应。既名职业，当然真是职业，12—16 岁的学童，连学做工匠、农夫的年龄都不相合。那么，是不是可以办一种“普通”的职业学校呢？假如这样办，这样学校可以名之为“实科学校”，也是四年，与通科学校相当，课程上格外注重心手相应的技能，语文科减少，知识科中人文部分也减少，数学及自然科则增加，毕业后可入两年的职业学校（我所谓艺科），不能升入高等教育（专科、大学）。现在姑举大意，我还不敢说这样办法一定好。

通科学校毕业后又怎么办呢？在这一关有四条路：第一条路是就业。第二条路是入大学，这要先进预备学校。第三条路是进专科学校。第四条路是入师范学校。师范学校制度我尚未细想，暂不说。

预备学校在年龄上相当于今之高中，然性质大不相同。第一，高中是自身无目的的，预备学校则专以入大学为目的。第二，高中是不分科的，预备学校至少须分文、理二科。第三，高中毕业，不能考入大学者，与其说是失学，毋宁说是失业，预备学校则不然。

既然如此，预备学校的人数大体应如大学的人数，或者更少，因为大学还可收专科学校毕业生、师范学校毕业生，预备学校则除入大学外，更无第二法门。因此之故，我以为预备学校最好附设于大学，果如此办，可请今天的大学教授教预备学校，两得其便。但这也不可一概而论，因为三年前在大陆上可有几个大学校长或教务长操心他的一年级课程(一年级本有预科性质)，何况预备学校？所以我主张附属大学和独立设置，应两制并存。然而有一必要的条件，就是他的入学标准、毕业标准，必须取决于大学，而不能取决于自身。不然的话，你给我预备的，我不要，殊属不成办法。

预备学校中必须分文、理两路，这样，大学的课程才有办法。我的这一个理想，大体是日本的高等学校制度，这制度是使日本大学上轨道的必要条件。我以为民国十年的改制，是很可惜的。

预备学校之入学，必以材质为准，无钱而有此材质的，国家帮助他；有钱而无此材质的，无论如何说，不可以。至于既无钱又无资质的，更不必来打岔请国家养他做闲人了。

我想，读者必有多人以为我这一套“最反动”，在今天“民主”的时代，如何这样做呢？如何做得通呢？我说，如不如此，大学决办不好；如此，决不杜绝有资质的人进大学之路，只是不由预备学校一条路而已。

美国的 High School 在美国，是有道理的，社会很容许他在毕业后就业；中国的高中在中国，是没有道理的，社会不太容许他在毕业后就业，至少他要每人自觉如此。所以高中在中国，其作用已是预备学校，偏又不办成预备学校，一旦毕业之后，高不成、低不干，文不成、武不就，如何办呢？美国的 High School 毕业者大多数不要入 college，中国则不然。所以在心理上高中已是大学预备科，在事实上偏不然。今天中国教育是这样：国民学校，一大套普通，初级中学又是这一大套普通，高级中学又是这一大套普通，大学一年级又是这一大套普通，到二年级突然改变。三年中要成“专门名家”，这是办不到的。美国学校也是这样一套一套的大普通，但社会与出版界供给他些浅而有用的专门知识，所以可行。中国无此社会，无此出版界，所以不可行。

通科学校毕业入预备学校，应该是少数，大多数应该入专科学校。

专科学校应以职业为对象，但也有学术的意义，犹之乎大学应以学术为对象，然而在今天却也脱不了职业的意义。专科学校与大学之截然不同，有下列几点：

（一）大学必经预备学校，专科则不然，所以在年龄上预备学校与专科是平行的，预备学校期限2年，专科学校则大体为4年。在较高的科目，尤其是工、农的应用科，可以到5年。

（二）大学以每一种科学的中央训练（多为理论的）为主，专科则以每一种科目的应用为主。

（三）大学生在入学之始，至少在第一年级以后，即须流畅的看外国专门书报，专科则求毕业时能达此目的，所以专科的用书应编译。

（四）大学的实验，每每是解决问题的实验，不多是练习手技的训练，因为在预备学校练习成物理、化学、生物切片、看镜子等等技巧了；在专科则一切实验除了解原理的少数以外，以练习工作技巧为原则。

专科既与大学如此相对，如何又在年龄上一部分与大学平行呢？预备学校之一切为的是大学预备；专科则是一开头便实践在它的本行。

有些科目，在年龄上必须取专科制，如音乐、美术等，大凡有绘画、音乐以及数学的天才的人，常常要在15岁以前流露。现在的高中制，简直是耽误他的青春，障碍他的成功。

大学的工、农各系，皆可成为专科学校，而专科学校不止于此。凡以职业为对象的，皆可取专科制。

那么高等教育不是显有上下床之别吗？上下床之别，在学术上原是不可免的，同为大学，同一大学，也是如此。但目下大家的注意只是资格，并不关心学业。假如考试法规及政府若干法规规定得大学与专科同等待遇，也就可以减少此阶级意识了。民国初年，正是如此。高等学校大学预科无投考高考的资格，大学与专科则同样有的。这是应当的，大学与专科只差两年，有的科目或只差一年而已。

况且专科不是全不能进大学的，虽然这是少数。凡在专科毕业，而大学又有同样或极接近之学系，他可以投考。这考试当然要严格的。

或者问，不经2年的预备学校，经4年的专科学校，去考大学，不是浪费吗？这不然。在专科，他已学到专门的技术，原可不入大学，资格也一样。其入大学，只是为理论或原理上的深造，是为学问而学问。

或者又问，预备学校的课程，是为大学准备的，专科则不然。专科毕业，不经预备学校，能进大学，有益吗？这是一个合理的问题，但专科中与大学相同的科目，其中课程自然也有一部分是为打基础的，虽然浅一些。所以这样的进大学，有些吃亏。但同时大学同科的课程，也学了不少，从深的方面再学一遍，也有省力的地方。吃亏处，便宜处，合起来算，虽然这一路不是最短的距离，也是可以行得通的，这当然是对资质特别好的而言。先打理论的基础，后作专门的训练，是一条大道；先习专门的技能，后作学术的深造，也不失为一条旁道。《中庸》说："自诚明，谓之性；自明诚，谓之教。明则诚矣，诚则明矣。"

第一次世界大战前，德国大学入学，非 gymnasium 毕业者不可，大战后对 realgymnasium 及 oberrealschule 毕业者，亦开了门。当时（约在 1920 以后几年中）大多数人不以为然，然久而安之，亦无大不了。这一段历史，可以参考。

师范学校毕业生在服务期限中补习，然后去考严格的大学入学考试，也与上说的有同样情形，这叫做"条条大路通罗马"。

大学入学，当然以预备学校毕业者为主体。专科及师范，也不是"此路不通"，当然也断不能畅通。科举时代，乡举礼部试之后，决于朝考，这是正途。同时五贡也可得到朝考的机会，这也是一途。正途、同正途，都是可以做县官的。我这说法意思也正如此。

大学的办法，我将来再论，现在只举出几点要义：

（一）大学万万不可糅杂职业学校的用意。

（二）大学是以学术为本位，专科是以应用为本位。

（三）大学的教学必然与专科学校大不同。这些年中国的专科好摹仿大学，这是无益的。同时多数大学的多数部门也不过是专科的程度，偏又不能做到专科学校的实践性。

（四）大学的资格除在大学或研究机关外，不应优于专科。

综括以上之说明，列为3表，以醒眉目。

第一表：各种学校之特征

国民学校	普及性
通科学校、实科学校	充实性
术科、艺科学校	能力性
师范学校	选择性
专科学校	实践性
预备学校	限制性
学院及大学	学术性

第二表：各种学校之联贯（表示升学道路。横线表示可以不升学）

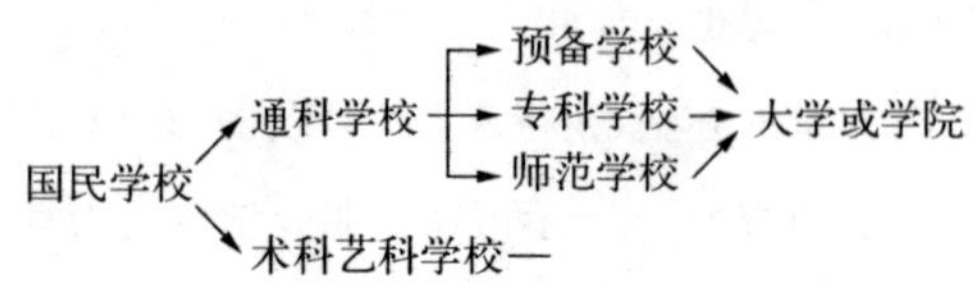

第三表：年龄与学校

满岁之年龄

<table>
<tr><td>6</td><td>7</td><td>8</td><td>9</td><td>10</td><td>11</td><td>12</td><td>13</td><td>14</td><td>15</td><td>16</td><td>17</td><td>18</td><td>19</td><td>20</td><td>21</td><td>22</td><td>23</td><td>24</td></tr>
<tr><td colspan="6">国民学校</td><td colspan="13"></td></tr>
<tr><td colspan="6">国民学校</td><td colspan="4">通科学校</td><td colspan="9"></td></tr>
<tr><td colspan="6">国民学校</td><td colspan="4">术科艺科学校</td><td></td><td></td><td colspan="7"></td></tr>
<tr><td colspan="6">国民学校</td><td colspan="4">通科学校</td><td colspan="4">专科学校</td><td colspan="5"></td></tr>
<tr><td colspan="6">国民学校</td><td colspan="4">通科学校</td><td colspan="2">预备学校</td><td colspan="4">大学</td><td colspan="3"></td></tr>
<tr><td colspan="6">国民学校</td><td colspan="4">通科学校</td><td colspan="4">专科学校</td><td colspan="4">大学</td><td></td></tr>
</table>

每行之下作双线‖者，表示可不升学。

虚线┆表示毕业年限可因科别不同在虚线阶段中已有若干科别已达毕业年限，但大学医科之延长年限未绘入。

表中年岁，表示其最低限，其最高限无法定，30 岁大学毕业亦无不可。

师范系统尚未细想，故不列入。

四、相对与均衡

读者读完我前半篇，或者觉得我是一个无保留的“计划教育”者，果然如此。我必须声明，一定是我的文章不曾写好，所以引起这个误会。我以为计划教育万万不可做得太过，太过了，使得学校无自由发展的机会，学校是不会好的。计划与不计划，必须适中，然后收效最大，毛病最少。其实适中的要求，何止在这一事上，许多事应求其适中。所谓适中者，并不是一半一半糅杂着，乃是两个相反的原则协调起来，成为一个有效的进步的步骤。关于学校制度者，我提出下列几项相反的意义，而应该求其均衡的。

（一）计划教育与自由发展。

所谓计划教育者，先定方案，再按着方案逐步实施。这样方案，当然有几个先决的问题：第一，你究竟是打什么主意，或者说，用什么主义？第二，你所认识的事实是怎样？你用的资料是怎样？第三，你的方案是不是行得通的，尤其要紧的，是不是可以容易变为形式主义、官样文章的？假如经过这些考虑，大致不差，也就是说，你的原则由何处出发，手段如何运用，困难如何克服，目的如何达到，一切想好了，然后制成方案，这方案才不是胡闹的方案，实行以前先把命运注定的。

无疑的，我们今天的教育方案必须是针对着今天我们的

"穷""愚""不合作"而作的,不应是助长"穷""愚""不合作"而作的。不过,若干社会上对于学校的要求,恰恰不是这样的。现在有很多有力的人提倡民生主义教育,这个口号是对的,若果这个口号下的方案切中时弊,可以实行,那是最好不过的。

不过,一切全在计划之中,计划得如盖房子的蓝图一样,也是很不好的。因为教育是个有机体,造机器、建房子,不是有机体。凡有机体必须有自由发展的机会,若果没有,一定流为形式主义,生命力是要窒息的。我们这十五年来一切设施所以计划不成,也许因为计划得太细,所以整齐不成;也许因为整齐得太过,所以统一得不成;也许因为统一得太死板,天下有许多事,是整齐不来,统一不来的,假如仅仅总持大体,也许更能整齐统一些。

无疑的,我们今天的学校制度必须有个计划,如其不然,便是无目的的,是浪费的,是无效果的,乃至是增加社会紊乱的。然而这样计划,只能是一个大纲,如果不留自由发展的余地,或者留得不够,一定不能得到好结果。一个人的成就,尤其是有特殊成就的,大多是自由发展出来的,一个学校也正如此。若果一切用刻板文章限制,毛病未必能够一一校正,然而长处却显不出来。须知自由发展是学校办得成功的最基本原则。凡在定章程时,不特不要限制得太多,而且应该鼓励他自动的应付环境，克服困难。这样，教育才有生命，学校才有朝气。

根据以上的说法，我认为下列各项应该予以肯定：

① 学校分层推进的道路不必只是一条（我在方案中所拟，比起现制来，似乎现制单纯，我的提案错综得多）。

② 同样的学校，不必只许有一个形态。

③ 都市和乡村的学校，不必用同样的章程。

④ 异地的学校，不必取一致的办法。

那么，大问题又来了，既然规程只综持大体，你如何保证办学的人不来胡闹，不至于每况愈下呢？我说，这在乎视学的制度。国民政府设立在南京二三年后，教育部的督学向上海一"督"，结果弄得大学都关了门——真是一件德政。又往北平一"督"，结果好些不上轨道的大学只好"黾勉如之"。到后来，督学多了，反而"督"得少了，这作何解释呢？或者督学之额既多，选才因而不易，不免为人谋事，于是分量小了。所督不过是看看曾否奉行大学规程、专科学校规程，更看看是否与他自己所想的"国策"相合，如此而已。果然这样，是没法解决坏学校的。

我现在提议，教育部或教育厅应该加重视学的任务。在部里，视学的地位要相当高，略等于司长；在厅里亦然，略等于科长，以专门名家有见解和经验者为之，并且延聘各地学校之优秀人才。请其参加,或者作为委员会,必要时,由所视察之学校特别好的推选若干人参加。看到有问题,提出来共同讨论,不视其形式,而视其实质。少督其无过,多督其有功。主管的官署有人才,社会的专家有贡献,所督的学校也有自身说出其经验之机会——这样的机构才可补足法令之不备,才可助成学校之发展,才可肯定不同的办法而不致出了紊乱的结果。

有法,有人,法持大体,人用心思,这样才可把一件事办得好。好的法,不是不妥的人的代替品,好的人也不是不妥的法的代替品。说到这里,中国"治人""治法"的传统问题又来了,荀子说:"有治人而后有治法。"黄梨洲说:"有治法而后有治人。"我看这历史的争辩很像西洋的一句笑话:母鸡和鸡蛋谁在先呢?这真是"学院问题"。只知道法要紧的,一定弄得法令细如牛毛,结果仍是行不通;只知道人要紧的,一定弄得"万事在于一心",结果是不上轨道的,我们不必辩母鸡和鸡蛋谁在先吧!不过,说到这里,牵入整个政治理论了,姑且不谈。

(二)理想与现实。

这又是相反而必须协调的。假如一切根据现实定学校制度,便不含着进步的要求;假如全凭理想,又不能实行,所以我们的学校方案必须又有理想,又合现实。我们的学校理想是什么？这当然各级各类学校应有不同的理想，然而综合来说，大原则是使得人像人，人能生活，人能生产，人能思想，人人助社会，社会助人人。不要以为我这个理想是低调，高得很呢！……

我说这是高调，请把我这话分析一下，这样的目的，绝对与士大夫的教育不合，于是便与传统冲突，人人助社会、社会助人人之一说，又须对现在社会上普遍的为我自私一切习惯奋斗。这可不是容易的一件事。

我们现在的现实是什么？这可就惨极了。第一件是穷。原来中国人就穷得要命……在这样经济情形之下办教育，本是很困难的。惟其如此，办教育更是需要聪明和毅力的。把穷克服了的本钱是更多的智慧，更多的毅力。像美国那样的国家，“安步当车”，便可办很多的事，在中国可就不然了。在我们这样的物质环境之下，我们万不可学美国人的用钱法，而必须学日本人的吃苦法。我们要想出各种心思来，用最小的代价得最大的收获，所以中等学校不能一格，不一格然后可以应付实际的需要，大学也不能一个型。有甲种大学，参加国际学术的进步；有乙种大学，制造专科教师和技术人员。一切国民学校要以精力补救简陋，不是因陋而就简的。

现实的第二件是愚。中国人的天赋，固然在今天赶不上战国时候人平均智力之高，然在今天列国之中也不算不如人。抗战以来所表现，精力甚强，智力不差，弄得结果不好是由于不上轨道，并不由于天资——即生来的禀赋——不如人。我们常觉到乡下人不如城市人聪明，这是习染之故。又如抗战初期初到云南，觉得那里的工人，五个人不敌一个上海工人之用，也是由于习染之故。都市生活，近代生活，是需要用脑筋、用手艺的，农村生活中，需要脑筋是少的。久而久之，便给你一个差别的印象，以为乡村人愚蠢的多。中国人在天生的禀赋上说，并不愚蠢，这正因为几千年天然淘汰之故，然在后天的习染上说，可就甚为愚蠢，这因为近代的科学技术生活，太落后了。上海的工人好的多，西南的工人差的多，正因为这个缘故。内地人生了病，每每先考虑"中医""西医"，台湾人甚少如此，也正因为这个缘故。又如中国现在一般机关办事，多数实在看不出聪明来，许多近代常识，办事常识，根本没有。这也难怪。中国机关所谓办事，不是抄字，便是等因奉此，向他的长官看齐罢。他的长官之所以为长官，也未必由于智能，而且多不专心，久而久之，脑筋焉能不成刻板官样文章？要克服这些困难，第一是灌输科学与技能的知识，第二是练习用脑筋。这便是整个教育最大目的之一。

这一节所谓协调，与上一节不同，上一节大致可说中庸之道，这一节的协调，是认清困难而克服之。

（三）传统与改革。

传统是不死的，在生活方式未改变前，尤其不死，尽管外国人来征服，也是无用的。但若生产方式改了，则生活方式必然改；生活方式既改，传统也要大受折磨。中国的生产方式是非改不可的，无论你愿意不愿意，时代需要如此，不然的话，便无以自存。所以我们一方面必须承认传统的有效性，同时也不能不预为传统受影响而预作适应之计。现代社会的要求有两大项：（一）工业化。（二）大众化。中国非工业文明的教育意义是必须改正的，中国传统文明之忽视大众是必须修正的①，我所谓修正，并不是抹杀之谓，乃是扩充之谓。……因为传统是不死的，所以也并抹杀不了，俄国沙皇的无限权力，无限享受，和帝国主义，在今天的俄国更甚，只有把帝俄时代根基薄弱的小资产阶级算是抹杀了，这真可谓“不彻底的革命”了！与其残酷万状，做出些不可想像的事情，使得人类退化，其结果仍是“复古”，更确切些是“反革命”，何如承认文明是积累的，不必矫枉过正，也就不至于复

①《礼记·曲礼》：“礼不下庶人，刑不上大夫。”这两句话充分表现儒家文化之阶级性。因为“礼不下庶人”，所以庶人心中如何想，生活如何作心理上的安顿，是不管的，于是庶人自有一种趋势，每每因邪教之流传而发作。……佛教、道教之流行，也由于此，这是儒家文化最不安定的一个成分。为矫正这个基本错误，文化（即古所谓礼）是要推及大众的。

古反动了。

中国的传统文化，尽管他的缺欠已经成为第二天性，抹杀是不可能的。然而必须拿现代的事实衡量一番，其中应改的东西，不惜彻底的改；应扩充的东西，不惜彻底的扩充。战前有“本位文化”之说，是极其不通的，天下事不可有二本，本位是传统，便无法吸收近代文明，这仍是“中学为体西学为用”的说法。牛之体不为马之用，欲有马之用，当先有马之体。这实在是一种国粹论，是一种反时代的学说。与之相反便有“全盘西化”之说，这又不通之至，一个民族在语言未经改变之前，全盘化成别人是不可能的。前者一说是拒绝认识新时代，后者一说原不能自圆其说。

教育要认清中国文化传统的力量，因而要认定它是完全抹杀不了的，同时也要认定它与时代的脱节，因而要做彻底的修正。

我所谓抹杀不了，并且不应抹杀的，就是人与人中间的关系；中国人的脾气，在和易、近人情、争中有让、富于人道性等等地方，属于这一类。至于读书人之阶级观，对于外物之不注意，思想上之不求逻辑，是必须矫正的。为前者须要把文化推广到一切人，再不可以“礼不下庶人”；为后者须要纠正中国人用脑不用手的习惯和对物马马虎虎的观念。假如走这一路，是用力少而成功多的。我在这里仅说大意，其办法在本文中不能详写。

（四）技能与通材。

教育既为训练技能，也为陶冶通材。所谓通材[①]，并不如当年所谓“通人”，而是指在他的技能之外有一般常识，能在生活所遭逢的事物上用思想的。我三年前到美国一看，觉得美国和中国最大的差别，也就是美国和欧洲的最大差别，不在它上层智慧之高低，而在他下层大众知识之差别。有时中国的上层人物比同样美国的上层人物智力高得多，这自然不是一般如此，至于大众可就不能比了。譬如在东海岸上任何一城市的加油站，和它的油夫谈谈，多能谈几句国事、天下事，纽约市的租车夫也是如此，这在中国20年内是不可能的。至于它的上层人呢，可就常常有不可想像的愚蠢……美国人只知道美国人的想法，以为天下人都只有（至少应当只有）那一种想法。话虽如此，美国人常识之发达，尤其是生活技能之发达，在历史上算是空前，所以致此。我想，它的“大普通”的教育大有关系，一层一层“大普通”上去，加上一般出版物标准之好，所以普通知识如此发达。它的大学 college 也是大普通，到了研究院，才开始专门。这中间虽然有许多

---

① 我在此文中用“通材”二字不用“通才”。材与才字在语文学上本是无别的，但现在人用来，才字多为才智之义，材字则为材料之义。我在此一段中，意义属于后者，故用“通材”二字。

浪费，然也有很多好处：第一，身体不会被教育弄坏。第二，暮气不会随早成带来。第三，年龄与科目不合的不会因学习而遭精神打击。今天美国的 college 比起欧洲来，一面职业意义过发达，却也一面通才教育（Liberal Education）的意味更多。不过，这是中国不能学的，因为中国穷，中国办不到十四年的"大普通"教育；又因为中国社会上一般科学知识水准太低，如不靠学校灌输，而求补救于社会，是办不到的。

在中国，为克服困穷，为增加生产，技能的教育不能不在先。不过，技能是随时进步的，人是不应成为木头人的。若一切教育都是为了技能，所造出的人将是些死板不能自己长进的机器，则不久之后，技能随时代进步，便要落伍了，人成废物了。所以"通材"一个观念，在教育上是不与技术平等重视的。

在教育上如何均衡技术训练与通材训练，是一个很大的课题。

（五）教堂与商场。

学校是教堂吗？教堂有教条，自由社会的学校里，虽然做人及服务的大道理是必须成为教育的第一项任务，然并无其他教条，所以不应回答一个"是"字。学校不是教堂吗？至少在近五十年的社会中，学校的作用比教堂为大，教堂既因工业革命而成为“音乐银行”①。于是教堂在当年的许多作用，现在由学校代行之，然则我们也不能直接回答一个“不”字。

学校是商场吗？读者或者说，千不该，万不该，你有此一问。然而请看。学生进大学，今日何以工、医最先，经济亦不落后，而纯学术性的科目甚少，这不是为的将来的职业吗？既是为将来的职业，不拿学校看作商场吗？那么这问题也就不简单了。

学校应该是一个近代主义的教堂，使人由此得到安身立命之所，而不应该是一个商场，使人惟利是图，这又是一个很大的课题。我在本文中强调技能教育，生产教育，这都不是为的个人赚钱，而是为的大众生产的。

五、编译

辅助学校的第一件要紧的事是编译。中国自清末由学部(今之教育部)办编译以来，成绩总算来不能说好，倒是清末出了几部标准颇高的书。国民政府成立后数年，创立编译馆，第一步是统一名词。这实在是要紧的工作，成就很好，自然也有还可以斟酌之事。今举几个例子：第一，天文名词中

① 此是 Samuel Butler 所作 *Education* 一书中之名词。

将 Issac Newton 从耶稣会士的译法译为奈端，物理名词中从一般教科书的译法译为牛顿。准以“约定俗成”之理，自然应该译为牛顿，而竟并用，这是该独裁而不裁的了。第二，算学与数学二词，明明上一词比下一词为合理，因为许多算学并不用数，而因投票相等，乃决用数学，这又是不该独裁而裁了的。第三，有机化学名词，除极常用的以外，就用原文好了。中国的化学书，也只能横行排印，即不妨汉文中加入拉丁字母。这是无穷无尽，不能译的，偏偏又要译。乃又取制造不见字典的单音字一套清末的办法，这是多事，又不能用。如此之例或者还有，然大体上说这个工作是很要紧而做得很好的。抗战以后，以编译馆容纳后方各大学不曾请的先生，这事可就难办了；到了编“国定本”教科书，可就闹笑话了。官家办事，其所以不容易之一个原因，是七嘴八舌，各有原则的指示。当时主持编“国定本”的陆先生也曾因我批评向我大诉苦，他的处境也实在值得同情。编一册，改一册，改了后，有人又改；下册未编，上册催着出版，出版之后又要改。国文当然要有字汇、词汇的，不然不成初级中级的教科书，然如一本一本的先出上一本后写下一本，乃至出版再改，如何容许字汇、词汇出来？但那些编的人中至少一部分不算高能，数学、自然等科，编不出来；历史一科，我当时看了几遍（因为教育当局派我看的），可就骇然了。直接的错误，例如年代不对,明朝人作为宋朝人之类,一本总有不少。至于取材之无道理,几乎一件事都未说清楚而成了无解释的人名、地名、字汇,更不待说。

现在教育部重整编译的阵容,一面与书店合作,一面聘专家专业之,这是极好的。所以我趁此机会贡献几个意见。

(一)属于初级中级教育者。

① 这一类的教科书,至少要有两三套,以便因竞争而进步,免得因独占而不能进步。这和我主张各级学校不必取一个形态是基于同一的道理。

② 这一类的教科书,可以由编译馆自办,或由书店自编,但在编时必须兼有一科之老手,和在所用之学校有良好经验的,前者即所谓专门名家,后者即所谓教育家,此两者缺一不可。如无专家,不知这个学问是什么,必闹笑话,至少不生作用。须知"深入浅出"一义,深入者未必能浅出,而浅出者必须深入,否则只是浅,浅就是不对,无所谓浅出也。如无教育家,也必然是不适用。两者合作,才能出来好教科书。诚然,外国的好教科书常常是中级教员所编,我们可不要忘,他们的中级教员,有些是很有学问的,哲学家如 Hegel 等,算学家如 Weierstrass 等,物理家如 Lorentz 等,都是一生大半在中学的。德国的中学教员有成绩的,其待遇仅略少于大学正教授,而比大学之额外教授高得多。即一般中学教员,也

每有 Dr. Phil. 学位，在大学读过几年书，经过一次严整的国家教师考试。法国情形，大致也如此。这在中国是不可比的。

③ 一种教科书，不必分学期编，凡求审定的，必须全部编好，最好把教授书也编好，这才可以。以往“春秋应时新货”的办法，万万要不得，要采用，即须先编成一个整的。为保障学生的利益，凡一个学校采用一种审定的教科书之后，不得更换。如更换，学校要赔偿。

④ 一种教科书，凡中等程度的，无论在何一种学校，如四年中学（我所谓通科）或四年初职（我所谓实科）未尝不可通用。这当然不可一概而论，如语文科、史地科等，是很不容易同一的，但大多科目可以通用。编入的内容多些，教授书中说明某种学校作某种选择，最后仍留不少的地步由教员于其中自选，这才是理想的教科书。我从没有见过一个用我们这样的中学课本办法的国家，每一种学校、每一种科目、每一学期，便是一个小册子！这在国民学校分学期是应该的，在中等学校，应该以一科成一书为原则——不消说，这书要好。

⑤ 当然，一科的取材要纲是由教育部规定或核准的，但以前教育部所定太仔细了，而且似乎未必有一个一贯的思想。大约以前教育部定这些事，不免犯三个毛病：（一）定者，或有力影响定者，以为应当要，不管如何去编，也不管学

童能否领会，便列入，这是主观主义。（二）定的课义单位太多，几乎没有一件可以充分说清楚，结果，每件说得一点也不清楚。其实许多不必要的人文知识，许多在就业后自然会的科学知识，大可不必在内。（三）灌输性的课义多，启发性的课义少。我觉得今天如果部里认为有定此标准纲要之必要，似乎要定得课义单位少些，弹性多些，而在审查一部书时，要注意一部书的所长，不必专求一部书之合式不合式。一句话，给更大的自由于编者，编后再看其有无成就。

⑥ 至于编法，我认为是要与标准大纲相应的。标准定得好，编者然后可以施展其能力。我对于编法，有几个意思：（一）不可太深，与年龄不合。我的印象，我们的中小学教科书，在小学三年以后，每每高了一年，在高中可以高至一年半，尤以语文科为最混乱。（二）既说一件事物，便要说清楚；若说得单位很多，而每一单位都不清楚，硬是要不得了。我们的教科书，常常像个字汇，而又甚少解释，学童记这些，真如记喇嘛咒一般。（三）每说一事，要说得干干净净，最好能动学童的兴趣，一部书编得能够吸引学生，才算成功；若先加重了排斥性，是要不得的。我记得我在清朝光绪末年，初习笔算，用的是《笔算数学》，便大有吸引力，虽然那是为中等学校年龄的学生而用的。

⑦ 学生用的中文、英文字汇，自然常识字汇，其重要性

不下于教科书，也是同样应当编纂或鼓励编纂的。

⑧ 最后说说我的经验吧。不成问题，我的经验很有限，但我的很有限的经验已使得我深感中小学用书之不妙。小学教科书是我教我儿子时用的，我只担任数学。我的印象是与年龄不合，若一本书之用处，非在家里请一个教师或以父母为教师不可。那部书，便不算成功。我妻担任英文，爽性自作了一种。国文呢，我们以《孟子》古文补充，这当然是一个特殊环境使然，不可一般采取的。不过，我觉得我们中等学校的国文，所选之分量每每不够，而文字又失之艰难，是很不好的。

我最用心的是中学历史。抗战前政府一机关找我编中学历史教本（是个军事机关），我就荐贤自代，所荐的是张荫麟先生。张君先自小学编起，成了三分之一部，是非常之好的，可为大学之用！已印出之外，尚有若干稿子似乎到三国或东晋。那半部书的好处，在乎能动人，文章好，而题目不多，说得透彻。我当时有个见解，小学、初中、高中、大学，全是那一套，有何意思？何如以下这样：小学只是故事，略加连串；初中是短传记，略加连串；高中才像一部教科书；大学则是领导人研究的读物。这个意思我现在还不放弃，我以为这样历史才能为学生所吸收。后来为穷，与商务有编高中历史之约，第一困难便是教育部所定的标准，我以为照那样标准绝对写不好的。我就请示了，结果："大变动恐怕不能审定。"

我于是便不干了。

这两年为台大入学考试翻检高中历史，我以为一本比一本要不得，都是古人名、古地名字汇，不过也只好照它出题，学生依然多所不知。数学我也看了好些本，我的一般印象是中心思想太少，枝节太多，过于拐弯抹角的习题，只可为极少数人用的。

（二）属于高等教育者。

属于高等教育者，即大学与专科，另是一套问题。大学的教本要编译吗？这是一个应有的问题。当然一个国家必须有它自己的教科书，何况大国？当然我们要编译。同时，我们的科学落后，假如一个大学生或专科生不能看英文书，学问实在无所得，天下的书岂能尽译？科学期刊尤其不能译。加以我们近年已与美国定了不能自行翻版或自行翻译之约，自然最好的办法是每一大专学生都能看英文的书，至少属于他本行的，理论是如此，事实可就不然。外边人吵闹台大收的学生太少，其实是收得太多，新生入学八百四十余人中，至少有二百人不能通畅的看英文教本！这真是难办的事，中文教本几等于无，有也买不到，买到也贵得要命，比英文原版贵一二倍。大学断无法自印教本，又不能自行翻印，这真是一件极其矛盾的事。一句话，中学英文太坏了。其所以坏，第一，教师不够。第二，待遇太差。第三，眼高手低。

现在台大一年级英文多用高中教本，而高中用大学教本，似乎如此可以夸于人，然是误人子弟。不过，改正这一个事实决非短期所能奏效，那么这个难题至少还要好几年来缠你。为应付事实，我以为最低的要求是：大学一年级完后，应能读英文教科书与专门期刊；专科毕业后，应能读英文教科书与专门期刊。假如这个原则不错，我便作下列建议：

① 大学一年级用书，包括二年级所谓"共同科"在内，须得编译。

② 专科的共同科及范围较大者须得编译。

③ 当年在大陆上，这事本好办，尤其在教师穷困中好办，偏偏不办，或办而未生效。今天是很难了。然也未必一定无办法。这要由大学和学院自办，而由教育部指导辅助之，如此方可收效。

④ 可以翻译的还是翻译好，与作者商量，也似乎不必尽出甚大的报酬，但教科书之版权多在书店，或者是难说话的。若果此路不通，只有拿几本书来糅一下。原出版者虽注明引用也要同意，但这样官司在中国是不会打的。其实中国人不得自由翻译、翻印美国书，在美国之文化损失更大。

⑤ 凡是这一类书，页数不可太多（萨本栋《物理学》是本很好的书，可惜是页数太多，卖得贵了），而须多有征引（References），以便读者参考原书。

⑥ 大专用书，一部分可以通用，给教师一个在书内选择的方便好了。

⑦ 这样的书，必须每种二人以上作，出版前先印讲义试验，并多用征引，万不可用一人随便的稿子拿来卖钱。

大学教书先生本当一面教，一面写书。中国读书人固然懒些，然以前政府也未加以鼓励，若单靠书商的帮助是不能成事的。

（三）属于参考书者。

学校的参考书(Reference books)为师生均不可少，其应编辑，不在教科书教授书之下，目下教师最感觉困难的是这一项。在初级、中级学校，各科均应有参考书。在大学，除中国文史之外目下不是急务，因为可用外国书的。

六、余义

如欲改革学校制度，不可不有新风气。若风气不改，一切事无从改，不止教育而已。

但改成新风气确是不容易的。这一年中，台湾进步不少，改革不少，然应该改得更多。我们在大陆上一般的习惯……一切是官样文章，重视自己的利害；交朋友为的是联络；弄组织，为的是盘踞；居其位则便于享受支配，弄到和人民脱节，不知道老百姓心中想些什么。办事呢，全不以事之办好为对象，消极的以自己能对付下去为主义，积极的以自己飞黄腾达为主义，肯认真办事的有多少人？肯公事公办的有多少人？肯对事用心去想的有多少人？肯克服自己的无知有私的有多少人？吃苦得罪人已经不肯，牺牲更少了。假如这样的风气不彻底改变，则孟子有云："由今之道，无变今之俗，虽与之天下，不能一朝居也。"今天是在改革中，风气是在转变中，然而尚嫌不够顶快，不够彻底，一切都要洗心革面，是须得马上即来的，不可再等的。假如风气转移了，我相信教育改革必有办法，否则无论你说我说，是与不是，都是一场空而已。

这话实在是教育改革之前提，然若发挥此义，便说到本文题目之外，所说至此以为止。

还有一件，是教师待遇，这也是改革教育的一个基本条件，本文中也不能详说。

我对读者很抱歉，这一篇长文，有好些地方我还未曾细想，有好些我并未说得明白，希望读者原谅。不过，这一篇文是一个自己有理想而又身受苦痛的人写的，我的苦痛也未必以我为限；应付这些苦痛的责任，也不说专归之于教育界。

（原载 1950 年 12 月 15 日、12 月 31 日

《大陆杂志》第一卷第十一期、第十二期）

月旦人物

监察院与汪精卫

监察院委员高友唐四人弹劾汪精卫违法成立上海停战协定。高友唐等四人的提案通过于监察院，故成了监察院的弹劾。弹章一上，便送各报发表，被南京警备部扣了，监察院又于次日通知各报照发。我们知道他所弹劾的是指责汪精卫等未经立法院通过便签字，不是说他“丧权误国”等等，换言之，乃是以法律的立点弹劾，不是以政治的立点弹劾。

法律的立点，应求法律的解决。关于此节，汪精卫的答辩如下（录自5月30日北平《晨报》所载南京特约通信）：

……主席，兄弟自闻悉监察院长于右任同志以上海停战协定未经立法院通过为理由，对于兄弟提出弹劾的消息，即决定两个意思，其一是上海协定不能推翻，其二是兄弟个人愿意接受弹劾。何以上海停战协定不能推翻呢？四月三十日，行政院曾派外交次长徐谟同志，出席立法院，报告此次协定内容与经过。五月三日，兄弟向中央政治会议第二十九次临时会议报告此次协定内容与其经过之后，并曾声明，此案曾经报立法院，惟应否先提交立法院通过，然后批准，敬候指示。随经中央政治会议议决如下：此次协定“既非构和条约，应照外交部所拟办法，交行政院，俟办理完竣，再向行政院报告”。依此决议，则于右任同志的弹劾案，实无从成立，按照国民政府组织法第十五条，“宪法未颁布以前，行政立法司法监察考试各院，各自对中国国民党中央执行委员会负责”。则行政院遵照中央政治会议议决，办理此案，自属当然，兄弟所谓上海停战协定，不能推翻者以此。

我以为这个回答是中肯的。监察院既以法律的立点弹劾，则应认清负此事法律之责任者为中政会，那么若再弹劾，只能弹劾中政会。不过中政会是不能弹劾的，因为中政会是中央执行委员会的政治会议，而“……监察……各院各自对中国国民党中央执行委员会负责”：监察院不能弹劾它自己所对之负责之机关。此事中央的处置是由中央监察委员会的一个决议注销。我以为在法律的立点上论，这办法是不错的，因为此事责任既在中政会，而以中政会与中常会的关系，即不啻责任在中常会，然则只有中央监察委员会有权平衡此事了。

此事经过之最应使人不满意者，是它颇有掀动政潮的形迹，而监察权之行使，若有了政治作用，是极其不幸的事。

何以说这事有掀动政潮的形迹呢？监察院一上弹章，便送到报上发表，警备部扣了，它又设法达到发表的目的。警备部本不应该扣，然监察院的确不应该在中央决定之前，送报发表。我曾经碰到一个监察院委员，问他何以监察院参的官那样少，他说，实在参了不少，只是在中央决定之前，多不发表，若发表了，也很够惊动人们的了。我后来又问一个监察院委员，他也如此说。我想这办法是颇对的，因为政府中一事之解决，先在报上混一阵，每每生枝节。监察院的作用，应受清政之实，不应博敢言之名，所以大体上应以先在中央解决后再发表为是。这个办法，正所以增进监察的功能，避免无谓的枝节。这个办法，诚然是不应没有例外的，凡是一切不致成为政治斗争的弹劾，大可早早给我们老百姓知道。不过此次弹劾汪精卫事，却恰恰应当在先解决后送报的范围内，因为这事在这个时候，最容易引出无限的政治纠纷来。上海停战协定不是一件简单的事，其是其非正待详密的考量：汪精卫违法不违法不是一句简单的话，其真其否亦待中央的解释。且上海事件本是极复杂的事，其法律的政治的方面均应计较得到，而此时正有一堆人在上海，专待机而闹；又有一般人在广州，专待机而闹。所闹皆是政争的闹，换言之，即是在上海协定政治的法律的意义以外的斗争，即是将上海协定作为政争工具的斗争。果然萧佛成先生响应于广州，大大的恭维了监察院作风一阵，而请他扩大弹劾，弹劾不已。若使我们以小人之心度人，我们可说这是“求仁得仁”，若以君子之心待人，这可说是“出于意外”。如果然这事轰动全国，大多以为大规模的政争与政变已爆发了。监察院能将若干受贿索赃的事件待政府解决后再发表，何独对此一件煤油上揩火柴的事独不能先待中央之处理？此事接二连三，送报，辞职，远引，再弹劾，大像一个爱国的宣示（Demonstration）。这样，在监察院是失态的！这样失态，在政治上是极危险的！因为在未能达到维持风纪的目的以前，先可弄出一场大紊乱来。

何以说监察权之行使，一有政争的作用是极不幸呢？监察的作用，有浅有深，浅是清仕途，振纲纪；深是平衡政事，弼辅国体。所有清风亮节，直言敢谏之臣，史籍相传以为美谈，这诚然是美谈了，然而明朝很多清风亮节直言敢谏之臣，何以愈闹愈糟，直闹到亡国？明之亡国，那些给事中老爷们负不少的责任，因为他们分党分派，有门有类，吵得政局永不能稳定，政治永不能进行，任辽事者，一筹莫展，战也不是，守也不是，这是什么缘故呢？这缘故很容易解释：他们的不肖之徒，借弹章作政争；他们的贤者，又不知政治的大体，事无大小，一齐付之感情，政治失其安定，失其重心，国家安得不乱且亡？欧阳永叔说，谏臣与宰相等，因为凡百有司，各有专职，只有宰相与谏官可以论列一切的。惟其如此，谏官应与宰相同有认识政治大体的必要，所以清风亮节的谏官，固是美谈，体大扶危的谏官，尤合大道。唐朝韩退之责备阳城，做了五年谏议大夫，不发一言，以为不足以振谏官直言之风气。过了两年，阳城遇奸臣裴延龄害陆宣公事，大谏特谏，谏得裴贼不登相位，宣公不致被害，自己失了谏官。欧阳永叔说他"一谏而罢，以塞其责"，这真是诬枉阳夫子的话。阳城是一位认识政治的人，可以他的化行中条、政成道州为证。他初征为谏议大夫时，直是喝酒，不谈小事，直到陆贽有见杀之虑，然后大谏。推阳城的行事，当是以为有宣公等在朝，谏官不必谈琐碎，一旦天昏地暗，谏议大夫义应扶危定倾。韩退之、欧阳永叔都是文人，虽有才气却不大了解实际政治，以为谏官只在敢言，这真把事情看小了。只有司马君实的话最对，认识最深，他说："居是官（谏官）者，当志其大，舍其细，先其急，后其缓，专利国家，而不为身谋。彼汲汲于名者，犹汲汲于利也，其间相去何远哉！"温公是实际政治家，不是文人，故能说出这样最彻底的话来。把温公的话掺合着明季的政治一看，我们尤其不能不佩服温公之见识卓越，且欧阳永叔所要求的范谏议，只是一个七品小官，韩退之所议的阳城，也不过居下大夫之秩。今之五权制度，监察与行政立法齐尊，为监察院长者，其地位远非唐宋谏官之比，实是一个平章宰相，则对于国家政事，尤应有大体的认识，不便拿出明代给事中的态度来，自是不待说的。监察权用作政争，必不能收监察之效，必致乱政之实，而以今日监察院之地位论，若不从最大处着想，势必流成政争，至少也要被人借作政争的。

两年来于右任先生所领导的监察院成绩如何，我们虽不能断言，然而确不是不说话的。比理想不足，比事实差可，在五院中，他算是做些事的。虽然不曾办了何人（办人不是监察院的事）却也参了（多是间接的）几个贵胄显宦，较之司法考试，高明得多了。然而大体上能满载我们的意吗？曰，不能。去年二月，当时于公偶逢其乡先贤阳公所逢之大关头，似乎应有所主张了，然而不然！将彼时于公静默的态度和此时动气的态度一比，我们诚不免于惶惑。我们深知于先生革命二十余年，自有其独立的立场，则去年之默然，今日之昌言，他必然对两件事都有他的见地。不过，我们总应希望他老先生还是在大事上细心想想，权卫轻重，认清政事之前因后果，然后可以合于监察院之最大的责任。

今日之局，恐怕已经谈不到好政府坏政府的问题了，政府一倒，我们实在想不起更能生产一个政府，然而此时外交内患，断断不许无政府的。明朝的谏官把明朝吵得无政府，希望今之谏官不要弄得现在无政府。现在亡国的条件几乎应有尽有，比起明朝亡国的局势来，都是变本加厉的，所以大可不必再添给事中哗众的一出戏！

（原载1932年6月12日《独立评论》第四号）

论伯希和教授

本年1月末，王力先生等发表《伦敦中国艺术展览会》一文，其中第三点为涉及巴黎法兰西书院伯希和教授者。关于伦敦展览之争论，已成过去，颇闻政府将更减缩其运英品物之数目，增加其安全保障之办法，故余写此文概不置论，所论只限于伯希和先生者。

王力先生等《宣言》之第三点，所说显与事实不合。一查伯君或斯坦因博士之著作，或一询当时学部经管员司便可知之，吾写此短文不能详述，姑举其纲要。先是敦煌千佛崖寺之道士已于若干时前发现石窟，但未识其重要，伯君行经此地见而大诧异之，犹未取之去也。离敦煌后，路遇斯坦因告以此事，斯坦因急忙一人独向千佛崖寺中贿买道士，约以“暂借”作第一次之选择捆载而去。此印度及伦敦所藏此项卷子之由来，及伯君再至选三千五百余卷载之东来，将此事告之学部。当时中国政府一面许其出境，一面派人攫取其数倍之存余，此一提取乃更成浩劫。一面则装载不得法，沿路破碎；

1935年，安阳殷墟发掘现场，傅斯年与伯希和(右三)、梁思永(右二)合影

一面则官吏瓜分，自敦煌、兰州分到北京之学部，当时供职甘肃或学部爱好古董者，每藏有此项精品。即如退老天津之老官僚某氏，历任清廷、袁氏、民国、张勋复辟者，今犹为此项之大收藏家，其来源即由其婿当时做官甘肃。其所藏中国人不可得而见，日本人可得而影印之，比之巴黎所藏中国人可以自由观览、照相、编目者，直使爱国志士哭不得、笑不得矣。总之敦煌宝藏，闻于中国政府及学人，由于伯君至北京之报告，而伯君载三千五百卷以出境，责任之大半在当时中国之政府。今巴黎所藏，已由北平图书馆全部照回，英国所藏可以待国力稍强以斯坦因博士"暂借"之约设法索回。宝藏之流传海外，固为吾人最痛心之事，然致慨应在情理之内，攻击不宜出事实之外。

巴黎所藏，早经伯君编目，公开阅览，学人便之。伦敦及印度所藏，至今不出目录，观览亦复不易。故斯坦因氏之行为，及英国典藏之效力，原始要终，皆不可与伯君事混为一谈。如《宣言》所陈笼统之语，此点正为吾国学术界公认之事，因而二君承国人之待遇至不同，有事实为之证明如下。数年前斯坦因博士冒领游历护照，适有燕京同志自美洲归来，告斯年以此事之内幕，斯氏实拨巨款往新疆发掘并在美扬言中国无学问。斯年即提出此次于古物保管委员会，众人公愤，南北呼请，历时一年。斯年个人亦曾为此散小册子，打电报，走南京，卒将斯氏监视出境，而扣留其收集品于疏勒。伯君前年到此，承中央及此间学术机关团体热烈之欢迎，此间宴请或约其讲演者，有国立各大学以及私立大学之发达汉学者，如燕京、辅仁、国立、公立各研究机关以及私立如营造学社，皆尽礼推诚，不闻加以攻击之语。今伯君犹是二年前之伯君，王力诸先生所服务之机关犹是二年前之机关也。

前年伯君来中国时，吾曾叩以游中国后将至日本否？伯君云："日本固多吾之友，日本近来东方学工作固有可观，吾此次东来，日本固请吾顺道一游，然自沈阳事变之后，日本人之行为吾甚不满，不欲于此时见之也。"吾继叩以将往大连晤罗振玉否？伯君答云："吾亦不欲见之。"果然海道来，海道往，未经日本及东北。伯君感情如何，既非中国人，自不关我事，惟既来中国则取如此之态度，实为正当，较之吾国人士，长城战血未干，遽然东渡攀交，如董康及其他者，高明多矣。又巴黎有所谓中国学院者，创始于徐世昌君之受学位，伯君前年来此，一为调查近年在中国之文史学发展，一即为此学院购普通应用之书，彼来此时即将此事告于中国人，临行时所购普通书及最近刊物之检查及放行事托之于古物保管会主持人马衡先生，以明其未曾携一古籍善本出境。其实彼若托法国使馆直运，一如暴邻之所为，亦是没奈何。不意中国人办事有不测之步骤，彼以礼来转为海关一压几个月。

至若伯君在东方学上之贡献，本为留意国外汉学者所夙知。伯君将已泯灭之数个中亚语言恢复之，为中亚史之各面及中国外向关系增加极重要的几章，纠正无数汉学中之错误，鞭策一切治汉学而为妄说者以向谨严，继茹里安、沙畹以建立巴黎汉学派之正统。影响所及，德、奥、瑞典、英国、美国以及日本。此君固中国以外，全世界治汉学者奉为祭酒者也。且伯君认识及称述中国学人之贡献，尤为其他汉学者所不及，此可于伯君著作及言论见之。西洋之谈中国事或治中国学者，如罗素伯爵、卫礼贤博士一派，欣悦中国文化而号“中国之友”，固当为吾人所亲爱。其将中国文史研究流布，发见已湮没之光荣，明辨将灭之文物，如伯希和君一流，准以吾国之为历代重视文史学之民族，自应加以敬重。若不明察事实，遽加讥弹，几何不失此泱泱大国之风哉？

准以上列事实及考量，敬以三事诉之于《宣言》签名人及国人。

一、论伯君与敦煌卷子之关系，应详察当时之经过与责任，未便与斯坦因氏混为一谈，此为事实与公道之问题。

二、伯君之学问与贡献，为汉学造若干新页，自应为此大国民族所敬佩。不便等之于其他英国所派各人之下。彼若干人古董商耳，博物院之典守官耳，夫古董商之行为，固为中国内地盗掘之渊泉。汉学之进步，则未尝损及国宝也。

三、此日学术之进步，甚赖国际间之合作、影响与竞胜。各学皆然，汉学亦未能除外，国人如愿此后文史学之光大，固应存战胜外国人之心，而努力赴之，亦应借镜于西方汉学之特长，此非自贬实自广也。二十年来日本之东方学进步，大体为师巴黎学派之故，吾国人似不应取抹杀之态度，自添障碍以落人后。除对侵暴吾人之日本外，似皆宜取善意合作之态度也。

吾知签名诸公，实由爱国心所驱使，偶为感情带于事实之外，其词虽有遗憾，其本意亦甚可佩，细味吾言，或不以为谬乎？

（原载《傅斯年全集》第7册）

我所认识的丁文江先生

丁文江（在君）先生去世，到现在过一个月了。北方的报纸仅《大公报》上有一个认可而悼惜的短评。南方的报纸我所见只有《字林西报》有一篇社论，这篇社论是能充分认识在君品行的。李济之先生说，“在君的德行品质，要让英美去了解”，这是何等可惜的事！我以为在君确是新时代最良善、最有用的中国之代表，他是欧化中国过程中产生的最高的菁华；他是用科学知识作燃料的大马力机器；他是抹杀主观，为学术、为社会、为国家服务者，为公众之进步及幸福而服务者。这样的一个人格，应当在国人心中留个深刻的印象。所以我希望胡适之先生将来为他作一部传记。他若不作，我就要有点自告奋勇的意思。

论在君立身行世的态度，可以分作四面去看：一、对自己（或应曰律自己）；二、对家庭；三、对社会；四、对国家。现在依次叙说一下。

一、在君之律自己，既不是接受现成的物质享受之纨绔子，也不是中世纪修道的高僧。他以为人们没有权利过分享受，因为过分享受总是剥夺别人。同时他也不愿受苦，因为他觉受苦的机器是没有很大工作效能的。人要为公众服务而生活，所以服务的效率愈大，生活愈有意义；起居饮食愈少摩擦，服务的效力愈大。我们在此地不可把舒适和奢侈看混了。在君很看重舒适，有作用的、合理的舒适。他对于朋友的趋于奢侈的习惯，却是竭力告诫的。舒适可以减少每日生活中之摩擦性。只要不为舒适所征服，舒适是增加生命力的。譬如，在君是有机会坐头等车，他决不肯坐二等车；有地方睡安稳的觉，他决不肯住喧闹的旅馆。但是这些考量，这个原则，绝不阻止他到云贵爬高山去看地质；绝不阻止他到黑海的泥路上去看俄国工程；绝不阻止他每星期日率领北大的学生到西山和塞外作地质实习；绝不阻止他为探矿、为计划道路，半年的游行荒野中。他平日之求舒适，正是为储蓄精力，以便大大的劳作。他以为人人有要求舒适以便工作的权利，人人都没有享受奢侈，或得到舒适而不劳作的权利。在这一个道理上，他不是明显的受英国的"理论急进者"的影响么？虽然他没有这样自己宣传着！

他有两句名言："准备着明天就会死，工作着仿佛像永远活着的。"所以无论在何等疾病痛苦之下，无论在何等的艰危环境中，我总不曾看见他白白的发空愁，坐着忧虑消耗光阴

（不幸得很，我便是这样的一个人）。若是他忧虑，他便要把这忧虑立时现为事实；若不能立时现为事实，他决不继续忧虑着。例如他大前年冬天从俄国回来后，觉得身上像有毛病，到协和医院去诊察他的左脚大拇指发麻的症候。他问医生说："要紧不要紧？"医生说："大概不要紧。""能治不能治？"医生说："不能治。"他告我，当时他听到这话便立时放心了。我问所以然。他说："若是能治，当然要想法子去治，既不能治，便从此不想他好了。"他这次在病危中，除末了一星期不大言语外，以前，虽偶有病人免不了的愤怒，但大体上是高高兴兴专说笑话的。他从不曾问过医生："我这病有危险没有？"他在病中也不曾忧虑到任何身内的事。他能畅谈的最后一日，和我所谈的是胡适之先生应该保重他的身体，节约他的用度，是凌鸿勋先生的家庭如何快活，北方大局如何如何。这样的心神安定，有几个宗教大师能做到？

二、论到在君的对家庭，真是一位理学大儒。他对于他的夫人史久元女士是极其恩爱的。他们两个人的习惯与思想并不全在一个世界中，然而他之护持她，虽至新少年的恩爱夫妻也不过如此。丁夫人也是一位很可以敬佩的女士，处家、待朋友，都是和蔼可亲、很诚心、很周到的，并且对两方的家庭都是绝对牺牲自己的。她不断的病，在君便伺候了她二十多年的病，不特做她的保护人，并且做她的看护生。他真是一个模范的丈夫，无论在新旧的社会中，都做到这个地步了。

说到这里，我不妨连着叙述他的性道德观。他并不反对"自由生活"，假如"自由生活"不影响一个人的服务社会。他主张人的"性本能"应得其正，不然，要失却一个人的精神平衡，因而减少一个人的用处。他从俄国回来，尤其称赞俄国的婚姻制度。他说，儿童既得公育，社会上又从此没有 Scandals 了，这是自从人类有配偶制度以来的最大革命。他这样的信念，却是想送给将来的中国人民去享受。他自己，不特没有利用任何一种现成的左倾或右倾思想便利私图的事，或存心，并且凡是合理的旧新习惯所要求者，他总要充分的尽其责任。他论人是很宽的，自由恋爱是可以的，或者有时是很好的，假定不因此而妨害本业。娶妾也未尝不可，也要假定不因此而妨害本业。我们大家知道，他对于志摩之再度结婚是反对的，在君不是反对志摩再婚，他是反对志摩那样一结婚不能工作了。他十分的相信，服务之义"无所逃于天下之间"。至于在能充分服务一个条件下之个人自由，不应该用成见的道德论去干涉他或她。

在君对他的兄弟，又是一位模范的人格。他同母的一兄二弟、异母的三弟。从他的老四以下，求学的事总是他在操心。他之所以辞地质调查所的原因，据说，大部分由于地质调查所所长的薪水不够他津贴弟弟们上学。在他“失业”的那一年,我问他小家庭外大家庭内之负担,连着亲戚们共若干。他说,今年两千。待他次年不失业了,他的进款也只是每年六千。

三、在君对于社会的观念完全支配在“服务”一个信心之下。若把他这个主义写文字,我想可以这样说:看看中国人是在何等阶级的生活中。据何廉博士的研究,中国人平均进款,是每年二十七元。再看看我们知识阶级的生活是怎样。若把我们的生活降低到每年二十七元,一件事业也不能做了。若受今日社会给我们的待遇而给社会以相当的回报,只有黾勉服务,把自己所有的能力都尽了,然后可以问心无愧。在这一个基本认识之下,他是永不间断的为社会中团体及个人服务。他论一件事之是非,总是以这一件事对公众有利或有害为标准。他论一个人的价值,总是以这一个人对公众有利或有害为决定。他并不是一个狭隘的功利论者,但是他的基本哲学,确是一种社会价值论。

他一生的服务范围虽是多元的,但十之七八是学术及学术行政,其余二三分或者当由行政的(包括有助行政之技术的)及实业的平分了罢?他放弃了自己研究来管别人的研究,他牺牲自己一时的工作来辅助别人的工作,其意无非以为一人之成绩总有限,多人之成绩必然更大。在不深知者或者觉得他有一个舍己耘人的天性，其实他是为社会求得最大量的出息，而不求其自我。这样热心的人本已少见，这样热心又加以在君那样的见识与学问，又有谁呢？

他对于好朋友之态度，恰如他对于他的家人、妻与兄弟，即是凡朋友的事，他都操心着并且操心到极紧张、极细微的地步，有时比他那一位朋友自己操心还要多。他的操心法，纯粹由他自己的观点行之。他是绝对信赖近代医术和医院规律的。朋友病，他便如法炮制之。举例说，受他这样待遇的，有适之、咏霓两先生。他是绝对相信安定生活是工作的基础条件的，朋友们若生活不安定，他便如他的见解促成之。受他这样待遇的有我。他为一个朋友打算，要从头至尾步步安排着，连人如何娶妻、如何生子都在里头。据李仲揆先生说，在君这样为他安排过，只是仲揆没有全照他的方法。朋友死了，他便是孤儿寡妇第一个保障人，赵亚曾先生的事可以为例。

他之看重朋友，似乎大多由于他认识为有用，学术上或事业之用。一旦既成朋友之后，他每每不自觉的颇以监护人自居，对于同辈（听说对于比他年长的也有时如此）俨然像个老大哥。因此，朋友们一齐称他曰“丁大哥”！若他认为某一朋友不努力，或行为上丧失或减少其社会服务的或学术的作用，他必要责备，必要督促着改过来，因此常和朋友发生纠纷。

我可以记一件亲见的事。前年2月，翁咏霓先生在杭受重伤的消息传到北京时，在君正在协和医院躺着，一面检查身体，一面还发点小烧。朋友想，不要告他这消息，偏他看报看见了。一听朋友说明详情，他立时想从医院飞出来。我亲自看见他在涕泗交流中与医生争执。医生说："你在这个时候离开医院去坐车是极傻的。你到了杭州，一个病人也无一点用处。"因此他才不走，就在床上料理了许多事，皆关于咏霓事业的安排。他没有许多话，只是说："咏霓这样一个人才，是死不得的。"

四、在君之对国家，或者外国人看得清楚些。他死后，《字林西报》作一社论，题目《一个真实的爱国者》，我相信这是对在君最确切的名称。诚然，在君没有标榜过爱国，尤其没有办过"救国会"，然而在君对于国家的忠勤是极其显明的事实。就消极的方面说，他从来不曾坐过免票车，从不曾用公家的费用作私用，从不曾领过一文的干薪。4年前，资源委员会送他每月100元，他拿来，分给几个青年编地理教科书。他到中央研究院后，经济委员会送他每月公费200元，他便分请了3位助理各做一件事。他在淞沪总办卸任后，许多人以为他必有几文，乃所余仅是薪俸所节省的3000元，为一个大家庭中人索去。

积极方面说，他在中国建设出地质学，至少他是创造了一个可以使地质学在中国发达的环境，已可谓功在国家。至今还没有第二个人在提倡科学研究上比得上他。他在淞沪任中，为后来之上海特别市建造弘大的规模，只可惜后来人并不能步趋他。他除了好些积弊。他从外国人手中争回重大的权利，不以势力，不以手段，只以公道。交出这些权利的外国人，反而能够诚意的佩服他！虽然他当时的上司是孙传芳，然而他并不是孙传芳的私人，他仍是为中华民国服务。后来孙传芳日暮途穷、倒行逆施时，他并没有跟他（此中故事，在君曾为我详说，待后写出）。至于他对外国人，永远是为中国辩护的，至少是为新中国辩护。凡外国人抹杀了中国实事而加菲薄，他总起抵抗，论政如他驳濮兰德的小册子，论学如他评葛兰内的文，都是很有精彩的。《北平教育界致国联调查团书》，是他的手笔，是一篇伟大的著作。

用充分的知识，忠勤的为国家服务，丝毫不存自我利益心，便是真实爱国者的定义，也便是在君的行事。

在君虽是一个真实爱国者，却不是一个狭隘的国家主义者。他以为世界上的文明的和平的民族都应该共存共荣，共致力于人类之知识与幸福，所以有时候他真拿某一外国人作朋友看，这是我所最难能的。

以上所说是在君的“立身”，以下再谈在君的“行道”。

我们且看在君的道是何道。

这当然不是“貉道”。“貉道”在近代中国也曾经为几个无政府主义者提倡过，现在不闻声气了。在君既信仰近代物质文明，当然不能简单成“貉道”。这当然也不是“王道”。我们的近邻无端把霸字读作王字，真正不值一笑。在君的道决不退化到二千年前，无论他是王是霸。

在君的道是近代文明中的一条大道。在这道上走的有“搜求心”，有“理性”，有“智慧”，有“人类同情心”。在这道旁所建筑的庭舍，是“世间经验之扩充”，“科学知识之寻求”，“物质之人工的利用”，“改造不合理性的方案”。自从开辟新大陆以来，人类的知识日向扩充，人类的要求日向增加，人类的思力日向解放，至 18 世纪出来了成系统的理性论。科学与工业之发达，固颇受这样思想的影响，而若干人生观社会观之改变尤是这类思想所助成。这样一步一步向着开明走的大路，一直到欧战后才出来新生的反动。

在君留学英国，在欧战前若干年（一九一一以前）。那时候自由党已起来当政，早年的理论急进派（Philosophical Radicals）若干主张，修改后依然为实际政治上争议之点。以在君的思力敏锐与多才，在这时候好看报，特别是《泰晤士报》，自然要受这个空气的影响。我知道在君是好看经济学书的，我尤知道他关于 J. M. Keynes 的书每本必看，所以我敢说，他从不是柯波登、边沁、穆勒之研究者，他必是受这一派思想的影响者。聪明人嗅着空气便可得坚实的益处，原不待咬文嚼字如专家然。在君又是学科学的，他在英时的科学兴趣，由动物学到地质学。恰恰这一行的科学在英国有圣人达尔文、有护法赫胥黎、有游击名将葛尔登（Francis Galton），所以在君若于研究这一行学问时越过实验室而寄兴趣于词辩，大有精神的安顿处，连宗教都有一个。在君必是一个深刻的受赫胥黎影响者（严复并不是），他也在中国以他的科学玄学战做成了赫胥黎（只可惜对方太不行了）。在君所在英国又是利用科学造成福利的最前进国，在若干意义上最近代化的地方。本来天才是生成的，在君思力锐而敏，在最短时间中能抓到一题之扼要点而略去其不重要点，自然不是英国人教会他的。但是他的天才所取用的资料，所表现的方式，所锻炼成的实体，却不能不说一部分由于英国的思想与环境，英国有很多极其可恶的思想，不过在君所受者却是最上层精粹。因为在君能读法、德文书，走过大陆，他对于英国人之守旧、自大、摆架子、不自觉的自欺，必然看穿。他绝看不起中国人学来一个牛津架子，或者他对于圜桥清谈，也不尽看重吧。

至于他所受者，大来说近代欧洲的，小来说维多利亚朝以来英国的，究是些什么？我想可以撮成下列几句。

行为思想要全依理智，而不可放纵感情压倒了理智。

是是非非要全依经验，而不容以幻想代经验。

流传之事物或理论，应批评而后接受，而不容为世间的应声虫。

论事论人要权衡轻重，两害相衡取其轻，两利相衡取其重。

一切事物之价值，全以在社会福利上人类知识上之关系为断。

社会是一个合作团，人人要在里边尽其所有之能力。

社会之不公，不合理，及枉费之处是必须改革的（虽然要用演进的方式），社会上没有古物保存之必要。

读者看到这里，若是不识在君者，或者觉得此君必是一个“冷静头脑”，这却大不然了。他是一个火把！他又是一个感情极重的人，以强动不息的精神，用极大的感情，来祈求这一个“理性—经验—实用”的哲学，来实现一个进取而不保守的人生。不知必不行，知之必能行。

归纳以上两章，我们可以说，在君在立身、行事上是兼备中西伦理条件的积极的良善公民，永远为团体、为个人服务着。在君在主义上是钦崇而又信仰近代科学及开明的民生主义者。

近代文化到中国来，虽有成功，亦多失败。今日中国在思想上，在社会伦理上，在组织上，依然甚多荒古的现象，这是不得了的。丁在君是“近代化中国”的大队中最有才气的前驱。中国若有这样人二十个，又都在扼要适宜的地位，二十年后，我们庶几可以成等的近代化国家了。为什么他先死呢？

记得“九一八”之前半年间，有一天，我请几个朋友在我家吃饭。座上有在君，有适之先生等。我议论一个人，适之先生以为不公允，说：“你这偏见反正是会改变的。你不记得在巴黎时，你向我说过三遍，回国后第一件事是杀丁文江。现在丁文江在你旁边，你干吗不杀他？”后来我怨适之先生恶作剧，他说：“在君必高兴，他能将你这杀人犯变作朋友，岂不可以自豪？”

我开始大佩服在君在我读科学玄学战时，那时我在英国。以为如此才人，何为任于铁穆之朝，又与吕惠卿辈来往，所以才有“杀”之一说，其中实不免有点如朱子所说，其词若有憾，其实不尽然也。乃民国十八年初夏相见之后，不久即成朋友，一年后成好朋友，最近几年中竟成极好的朋友。在其病重时，心中自思，如我死，国家之损失小得多。这个变迁应该有个缘故吧。所以我说他好，比胡适先生说他好更有要求读者注意之理由吧？

（原载 1936 年 2 月 16 日《独立评论》第一八八号）

丁文江一个人物的几片光彩

昨天夜间一气写成一篇《我所认识的丁文江先生》，写时感情动荡，直写到上午 3 时才勉强结束，以至要说没有说完三分之一。今晚再把我所记得的和我所推想的在君一个人物中的几回，无次序的写下。

一、 在君的逻辑

在君的逻辑，无论在从事学问，或从事事务时，都有一个原则常在明显着，即“权衡轻重”。有一晚我们闲谈到我们所读通论科学方法的书，我便把我所好的举了些，并我的意见。在君很高兴的说：“这里边至少有三分之二是我们共同读过的。”当时我说所最常读的是 Henri Poincaré，Ernst Mach，Karl Pearson，Bertrand Russell，此外如 Max Planck，A. Eddington，J. H. Jeans，每出通论之书必买来一读，故既非甚爱美国之 Pragmatism，尤绝不敢谈德国哲学（自然如 Avenarius，Vaihinger 等除外）。而统计的观点，尤可节约我的文人习气，少排荡于两极端。在君听到大乐，他说："赖有此耳！不然，你这个 Bundle of contradictions 更不得了（按，这个名词是多年前我的好朋友俞大维送我的。在君与他不谋而合的惯以此词诮我，我也有点承认，也还要自辩着说，"矛盾可以相成，此是辩证法，也正是中国古所谓'成均'（Harmony）也"。说完一笑）。我（在君）当年所看也正是这一类的英国书，这一类的大陆上思想家，虽然我对于 Mach 读得不多，而 Poincaré 也是我熟的。这一派的科学思想，真是科学思想，不是学究作论。至于统计的观点，助人权衡轻重之效力最大，于读英文书外加以能读德法文书，心智上受益实大。"我在外国语言的基础上，对在君十不当一，所幸走的道路大致不错耳。

在浅人，统计的观点使人思想中庸，见识平凡，仿佛统计观点专是论平均数的。这是极错误的。诚然，有些人在一般思想上受肤浅的统计学之害。但是我们要知道，统计只是要把各样平均数之且然的（Probability）意义分解出来，决不是依赖平均数为大义。拿些现在中国通行的统计学书读，或者不免觉得统计是以平点为基点，这样子连笔算数学上的百分法的意义还不曾透彻明白呢！其实统计不是靠平均数，而平均数转是基于一科算学——且然论。且然观念，在近代物理学尤表显威力，几将决定论（若干哲学家误名之曰因果律）取而代之。这个观念，在一般思想上有极重要的施用，众体事实赖此观点寻求其逻辑根据，个体事实对于他的众体赖此观点决定其价值。所以这个观点不错的施用着，是助人分解事实的，不是助人囫囵吞枣的；是助人权衡轻重的，不是助人放任着多数专制的。在君论学论事论人之权衡轻重，固与此义相合，他的透辟分解，论人论事都分方面去看，或者不免无形的受这类思想的感化。

我也受过两三年实验室中的训练。因为这个训练已在我的少年之后，终不能直接生效。现在想起我当年的一阵"科学迷"，不过等于一番脑筋锻炼，思想洗涤，然而这个作用是很有益的。在君幸而早岁致力于自然科学，不特学术的贡献我将来不敢比拟，即思想之坚实一贯也是使我羡慕不已、自惭不如的。在君所在的英国本是达尔文论治世，他所习又是进化论的科学——生物与地质。达尔文论盛极一时之时，Chesterton 名之曰"一个含糊的战胜"(a vague triumph)。此人虽是不负责者，此名词却是不错。在君受此一线思想之菁华，而毫无此一派通论者之"含糊"，他直是中国的赫胥黎。他以进化论为思想之基础而多面发展，看来像是一个科学的基侯特爵士(Don Quixote)，实在是逼似高尔敦(Sir Francis Galton)。他由进化论出发，弄出些个杂趣杂学杂见识，又很近于威尔士。他也能写那一部伟大理想的通史，只是他不能写小说罢了。

二、在君的几片风趣

在君的一般行事和他通常的谈话法，很使和他不熟的人觉得他是一个无多风趣的人，英国话所谓 matter-of-fact 的人，dry-as-dust 的人。和他很相熟、高谈闲玩的人，要知道事实并不如此。他谈论时如火把一般，在亲热的环境中，玩得高兴了如顽童一样，流露很多的趣语，不少的出了趣事。他仿佛像是一个“抹杀一切艺术论”的人，其实他对于艺术也有和他的哲学一贯的理论，即是，要有意义要进步。那些因帝王赐顾而成的奢侈生活中的艳品，如故宫博物院中所藏多数艺术品，他决不觉得好，不过，这些物件既然代表物质文化的进步，自有历史的价值，自当保存着。他论画不大重视山水画，我说“这里边有诗意”，他说“画鬼也有诗意”。记得一天，我同他由西城到东城，各坐人力车上。车过金鳌玉蛛桥，北望北海，正是仲夏荷花盛开，绿岛照在碧海上，又是太阳要落下的时候，真美丽得很。我在车上叫：“丁大哥，你向北看，好看不?”他转头一看说：“是好看。”我就大笑了：“丁大哥，你也知道好看，你的字典中也有好看一个名词!”过后把这一段话告朋友，朋友顿觉得酷能形容在君的一面。其实奢侈的好看固是在君所痛恶，静止的好看也每是在君所不见，而有意义的能表示动作之艺术，无论是文字或有形的，在君也欣悦的。

偶与在君谈中国诗，他极不欢喜选学派的诗，这是必然的。他欢喜杜诗，这也是想像得到的；他很喜欢苏诗，能成诵的很不少。我听到他爱苏诗的话，恰中我的意思，我说："苏诗真是气象万千，没有人像他这样多方面。"他说："唯其如此，专就一格论诗是不当的。"他对于文词既不喜那些小品的风趣，也不爱排架子的古文。他很不佩服韩退之，说"韩文蛮不讲理"，他很崇拜柳子厚。

他在英国学会了 Recitation，一次北大聚乐会中手舞足蹈的把杜诗《兵车行》照样一办，大家大乐。

在君吩咐一个英国出版者，凡威尔斯（H. G. Wells）、罗素（Bertrand Russell）、金斯（J. M. Keynes）的书，一出来，即寄来。他爱这三人全不是偶然的。我问他觉得 Bernard Shaw 怎样，他说："他是一个极不负责任的态度，活脱了爱尔兰人。"我又问他 John Galsworthy，他说："专门描写英国中等阶级之最上层，没有大意思。"当罗素来中国时，他做了总招待。大家只知此君可佩，人云亦云，然而知道此君是怎样一个来头的有谁呢？众人正在欢喜这位"民众圣人"时，他对罗素说："罗素先生，你乃真正的是英国贵族产生的清品。"我想罗素自己恐怕要是最同情这个批评的。罗素后来对英国人说："丁文江是我所见中国人中最有才最有能力的人。"（陈

通伯告我)

三、在君与政治

在君的一生,最为一般有革命性或冒充有革命性者所最不了解或责备的事,就是他之就任淞沪总办。在君常把这件事的动机及下台情景告我,告我时总有些自解的样子(Apologetically),大约因为他听到适之先生说我要“杀”他罢!他认为改良中国的政治(他的政治大体上是行政)决不能等到所谓时机成熟,有机会不可失机会。他之参加孙传芳团体是个三人团,陈陶遗、陈仪和他。他们三人想借机会试验一回。然而一到里边去,知道事实不如此简单,孙要做的事,大者并不与他们商量。孙在军人中,很有才,很爱名誉,很想把事情办好,只是有一个根本的缺陷,就是近代知识太缺乏了。注意,这句话是在君惯用来批评一切中国历年来当政的军人们的,在他以为这些人中很多有才的人,有天生的才,只因为他们的知识不够,故不能成大事。迨孙传芳与党军可和可战的时候到了,孙不与他们商量,先决定了态度。迨武穴紧张的时候,在君(与陈陶遗君?)觉得非与孙彻底一谈不可了,跑去陈说一番。孙正在鸦片铺上,说:“我本来也这样想过,不过请你们看这一个电报。”这个电报是孙的在武穴的前敌指挥打来的,电报的大意说,现在听说联师(当时孙自号五省联军总司令）有与党军妥协的谣言，消息传来，军心不振。□军皆南人，我辈皆北人，北人受制于南人，必无好日子过，且必为南人所弄。必不得已，只有北人联合云云。孙传芳把这电报给他们看完便说道，我不能不向张家妥协，不然，我站不住。丁说，与二张妥协，政治上站不住。孙说，那就管不得许多了。这也许就是在君所指为缺少近代常识的表现罢。当时在君告我很详细，日子全有，可惜我不曾详细记下，因为当时没有准备着享受这个苦痛的权利，即写追忆他的文。至于这位主张不与南方人合作的前敌指挥，却最先归正，在党军旗帜下历历做中外大官，直到现在。

详论在君的这一番出处，我们要细想两件事。第一，在君参加孙传芳政治集团时是如何一番空气。孙氏固与其他战豪同为北洋军阀遗孽，然孙氏神速的驱逐张宗昌部队出上海，驱逐杨宇霆出南京，在淮浦斩戮白俄的一着，顿引起一时清望。无间南北，不满北京政府者，皆以为“国贼曹操，非孙权也”。等他驻在南京，颇做了些沽名钓誉的事，当时一般清议，颇觉中国目前之急切办法，应该是以广州政府为本体，联合上北方（当时已赶到西北去了）之冯、长江之孙，以便先把二张解决，再把吴佩孚解决。记得那时候我在柏林，南口之战开始时，好些朋友（都是“南倾”的，至少说）有一天聚到一块谈这事，大家都觉得开始应该如此做。有一位更说（这位不久回国，在北伐时大效气力）："这时候孙传芳若不出兵打二张，真正可惜，且是自误，若使二张稳固，中国事不可为矣。"这种论调颇代表当时甚多量之清议。孙做他的"联帅"时，也很试着和广州拉拢，这中间的文章多着呢！我在广州便听到许多。那时候国民党公葬孙先生于南京之工程开始，他还很敷衍着。直到夏超事件与赣西之战，他才不作壁上观。我说这些，并不是为孙传芳辩护，孙亦一无知军阀，然比之二张则差强。强不强，也不关我事。我只是说，在君是在孙氏清誉未扫地前加入他的政治集团的，不是在他向张作霖摇尾乞怜、渡江战龙潭时加入的。既已加入，意气上亦无一朝竟去之理。然而碰破鼻子救了他，孙北向后倒行逆施时，在君早已退开了。

第二点要细想的是，在君是注重行政的，不是玩钩心斗角的政治把戏的，所以在君自己以"治世之能臣"自喻，大家朋友也都知道，虽然他有处置政务的天才，他并不是"拨乱反正"之才。在必须拨乱不可的时候，固需要拨乱的人才，然而真能反正并且要所反的正安定下去，是非有安分守己的"能臣"不可，非有才大志疏的贤士不可。用两个英国名词形容，在君是一个 Bureaucrat，并且是一个顶好的。而绝不是一个 Politician，他若做 Politician 的生涯必焦头烂额而后已。在君在淞沪任中，行政上的成绩是天下共见的：为沪市行政创设极好的规模，向外国人争回不少的权利。在君以前办上海官厅的固谈不到，以后也还没有一个市长能赶得上他一部分。即以此等成绩论，假使当时在君的上司是比孙传芳更不好的，在君仍足以自解，因为在君是借机会为国家办事的，本不是和孙传芳结党的。批评他的人，要先评评他所办的事。

次年党军再度北伐，日本人造成济南惨案，张作霖很知趣，有知难而退之势，而张宗昌大有寄生于日本炮火下之势。这时候，在君用北廷外交部的密电码打给孙传芳一个电报，劝他在内争中要以国家的立场为重，不要再跟着张宗昌胡干。此电为奉系查出，几乎给罗文干惹大祸。在君也就从北京溜之大吉了。

所以在君的这一段文章正是在君的写照，很显出在君的性情，很显出在君的本领，很显出在君之有时“不识时代”，不知取巧，在君用不着自解（Apology），我更用不着替他解说。

在君自苏俄回来后，对于为人的事非常倦厌，颇有把教书也扔去，弄个三百元一月的津贴，闭户著上四五年书的意思。他这一阵精神反常，待我过些时再写一文说明。他这反常并未支持很久，便被蔡先生和大家把他拉到中央研究院去了。他到中央研究院服务只一年半，便遭不幸而去世了。他在中央研究院做总干事，久而愈显得他实在爱这个工作，所以虽有人拉他做官，比较上是不容易拉去的。

不过在君性情是好事的，他觉得为国家真正服务，就是把事情办好，是一件至上的德行。真正在国家对外打起仗来的时候，他一定为国家效力的，即令不到如此的场所，只要他觉得找他的人有诚意把要托他的一桩事办好，他自己又认为功成不是没有希望，或者他终不免为“知己之感”所驱再做一回官？这是比较上且然性不大的，但是并非不可能的。果然如此，在君仍要到后来爽然自失，他要真的做成荀文若了，决不会做成刘歆。“论时则民方涂炭，计能则莫出魏武”，或曰可怜，我曰可佩。不过有一点我可断言，在君在同情的天性上是站在大众方面的，为大众而非由大众，所以决不至于佩服莫棱里尼、希特勒，也正同他决不成民众领袖一样。因为他不主张由大众，无端为人呼为独裁论者，因为他是真正的为大众。

（原载 1936 年 2 月 23 日《独立评论》第一八九号）

追忆王光祈先生

我认识王光祈先生大约是在民国七年吧。与他初次见面的地方,我确记得是在北京大学图书馆主任李守常先生的屋子里。守常的那间房子,在当时几乎是我们一群朋友的俱乐部,在里边无话不谈。有一天遇到王光祈先生,觉得他不易言笑。守常屋子里面常有的一种放肆的空气,立时转为严肃。后来守常告诉我:“光祈是一个能想能行的青年,极有志气,不是过分偏于国家主义,或模仿梁任公作文的,你们很可以做朋友。”以后我们来往多了,相识深了,深觉得光祈很有他的独立的性品,很可做一番事业。我到欧洲后,彼此不在一处,也未多通信。起初是在郭子杰兄处,常常看到他的信,觉得他求学的志趣着实高人一筹,就是专选难办的做。后来我到德国,因为不住在一起,不常见面。有一次见到,比以前更寡言笑。我心中觉得这是学问的修养进步后之象征,却也自己惭愧,我老是以前那个浮躁样子。我回国后,就不曾听到他的消息了。上月的一天,看《大公报》,忽然看到他的讣告，心中大吃一惊。接着想了又想，难过得很。这样苦学的志士就此完结一生吗？听说他是一介不取的人，留学这些年从不曾受公家私人任何津贴，全以劳务换面包。死便死在劳力过多、面包不够上。这是中世纪修道士最光荣的死法，也是个不取不欺的公民最光荣的死法。因此想到那些时髦的留学生，在外国专谋官费津贴，以为日夜浮荡之资，回来蝇营狗苟，求田问舍，为什么不先死这些人呢？国家要是多有了这样的人，自然有了民族的“礼义廉耻”，不待标语和宣传，可惜他是死了！在留学生中，谁还是使“顽夫廉，懦夫有立志”的人呢？

（原载《王光祈先生纪念册》）

汪贼与倭寇

——一个心理的分解

汪精卫的卖国行动，到了签订《日支新关系调整要纲》而登峰造极，自从前年12月底，汪贼发表了所谓艳电之后，其行动之荒谬，一步赛过一步，全世无不称奇，国人无不觉得可耻。然而总有很多人，以为其中总有几分上当，虽以深恶痛绝他这为人的人，也还在报上预料他要在几个月内死到倭奴手里，盖以为弄来弄去弄到山尽水穷，总还要和日本人扯皮起来，而遭了倭奴的暗算。谁知道虽是深知他痛恶他的人，也料不到他竟能迎合追赶日本人的志愿到这步田地，“虽是日本人，时而觉到汪之允许迁就之容易，大吃一惊”（报载高陶所说）。然则凡以为汪贼之动机，尚有半分上当者，都是错看了他，高抬了他，他是一个彻底的汉奸，甘心的卖国者，只有一个不可一天不做大官的欲望，而不惜断送他的四万万同种人，和他同种人的历史与子孙，以达到他这欲望。

所以汪贼的行动，只有用“罪犯心理”分析他，才能了解。我不是这一行的专家，姑且把我所知道的几点写下来，供心理学家检讨。

在国民革命军北伐的时候，我在广州两三年，颇听说他的家世，尤其是母系的情形，他不是嫡出，而家庭中不是极端的守旧，严父之后，又有严兄。最初便受了一个女儿式的教育，在这样情形下所造成的儿童，自然有正常心理者少，有变态心理者多，或可有聪慧的头脑，不容易有安定的神志，他要做"人上人"的欲望，而不知度量自己的本领，也许就是这样环境造成的罢。那时候，广东闹得如火如荼，血流满街，一多半是由于他，我也在其中几乎送了性命。后来"宁汉分裂"一幕，他又是主角。当时我听到一位党国前辈老先生说他过去的行动，而归结着说"精卫在政治上必做不出好事来，因为他从来说话不算话"，像有主义，又实无主义。同时我又听一位党国老先生说："精卫全无新知识，只学南宋人作诗词，这就是没出息。"当时我游西湖去，他的一个亲戚向我说："你们觉得汪有聪明吗？他在法国念书的时候，学法文一个字也学不进，活似老牛一样。"这些话，我虽觉得很有意思，然以当时并不识汪，不知其深刻到何程度，只见得一出一出翻云覆雨的戏，觉得其人可怕，其事可痛罢了！

二十六年夏在庐山聚会，汪作谈话会的主席，其言语举动甚不自然，回到南京，几个朋友闲谈，说这真有些不像政治家的样子。但同时还都有点可惜他，说唐有壬那个小子所造成的“心理疙瘩”，至今还存在。沪战将开，政府成立了一个国防参议会，汪做主席，我也在里边，每周至少开会一次，有时两次，在这会中，自然常听到汪的妙论，于是使我想到在“北伐”“宁汉”时代所听到两位老先生对他的批评，觉得深切不过。当时我的印象如下：第一，他决不知政治，一谈政治，有时好听，却全无实质，只可骗初听高论之无辜者，决不能耸动听过两三次以上的人，而且遇事都是滑调，浮着而不进去。第二，他标榜的口号，无一不和他的性格矛盾，譬如他高谈民治而绝无容量，标榜理智而最好动感情，反对复古而自己是一个不良传统的文人，常看到他做着主席发气，却不明其气之对象，气之原因，那么只是些心中的“疙瘩”（Mental Complexes）在那里时时发动罢了。第三，他对于外国事情，莫名其妙之程度，诚可骇人。他每读文电，遇到外国人之名字，连法国人的名字在内，一齐念不出来，总使这会的秘书长代读。然则欧美国家之存在，在他心中，也比在同治年间军机大臣的心中，差不了许多。

这些观察，只可以证明他在政治上之决无希望，尚不足以证明他之必做汉奸，所以他今日之必做汉奸，尚须进一步求之。有人说：他的婆娘所谓“陈璧君者，太糟糕了”，这话颇有些不错。她也是专心要做“人上人”的人，做不到便气得了不得。汉光武的时代，彭宠造反，史家说是“其妻刚戾，不堪其夫之为人下”，陈璧君何其酷似！不过，这话虽可说是一个原因，却不能说是主要原因。此等大事，既受妻之影响，自须由其自己负责任。譬如武则天，后来做的事，当然要由唐高宗负其责任。谁要唐高宗宠她信她，何况汪贼之做汉奸是他自己现在做的事。

然则以上所说各项，只是助因，其主因决不在此。主因何在？在他蕴蓄的妾妇怨妒心理，发而为偏要作“人上人”的要求。上文说过，庶孽子弟，有时有他的特别心理组合，我这话并不是说庶孽子多如此。自古以来，庶孽子中，甚有清明高朗之人，可追延陵季子遗世克让之风者，只要母教好些，家庭的环境正常些。不过，以我所闻，汪贼之早年环境，决难说是正常，于是“人上人”之要求，成于个人的心中，害了国家的大事。夫“不度德不量力”而求做“人上人”之要求，在家家乱，在国国乱，《春秋》中所记弑父弑君有几个不是受这个心理所支配。

至于汪贼在政治上偏要做“人上人”，应该完全是他家庭环境所造成，而决不是政治活动所造成。何以呢？在中山先生逝世后，他便狂妄的以第二任总理自命，他夫妻两个，从中国到南洋，招摇来招摇去。中山先生当年绝不曾器重他到这样，只是他自己自命如此，是他自己的心理自命他如此。中山先生当年用他，大有分寸，总未交他政治的总则，施设的任务，用他之处，说来好听些，是“书记翩翩”，因为他的文章确是漂亮，说来不好听些，便只是使他“吊丧问疾”。因为他那一副对人似乎恳切的面孔，只好如此用，不料他竟妄自想像，以为“仲尼既没，文不在兹乎”，于是乎非做中国主人翁不可。当年与胡展堂先生之龃龉，何尝不由他之妄自尊大，由此心理，兴风作浪，十年前已经不恤生灵涂炭，今天更不恤民族沦灭。大凡领袖之欲，压人之愿，本为人类所共有，然而用如此不顾一切狠毒到尽头之手段行之，则除具有罪犯心理、凶险疙瘩者，焉能做到这步田地？不晓得他小时在家如何为人看不起，到老时在国如此陷害人。

当年契丹有一个大可汗，把渤海国灭了，封他的儿子做东丹王，王渤海故地，却把小子立为太子。这东丹王便大怒，当他父亲死了，由辽东渡海逃到登莱，降了中国，并且作了一首诗，诗曰："小山压大山，大山全无力。羞见故乡人，从此投外国。"汪贼今日之投日本，正是这个投外国的心理，不过，东丹王毕竟是契丹的长子。在封建时代，他这心理还有点根据，在汪精卫之以中国主人翁自命，却全是自己狂妄梦想，毫无根据，那么东丹主的死鬼若有知觉，还要羞见这个后来人。

在妒妇狠毒要做“人上人”之心理上，汪贼倭寇大有相同处，或者这也就是汪贼倭寇可以“合作”之“精神条件”吧。原来日本小鬼也是最富于“卑贱疙瘩”的（Inferiority Complex)，看到自己那副猢狲形，更恨得非做“人上人”不可。我想，设若倭奴再长三寸，这疙瘩也许好些，便可少害人些。可惜不然，小鬼之要做“人上人”自古如此，当初识中国文化的时候，认做徐福的后代，误以为徐福是避秦的高人。稍知中国事，又妄称太伯之后，大有与中华世家争正统之姿势。到了唐朝知道中国多了，又造了一段故事，说是在隋炀帝的时候，他的倭王向中国致书，称“日出处天皇致书日没处皇帝”（按，此事虽为欧阳修所采，决非实事，盖如此之文书，隋之边吏难以接受，且天皇之称呼，在唐高宗、武后前，倭奴向何处学来）。在这些时候，一面羡慕中国，先受封，且请乐浪郡守为他判断内部斗争，后又用中国年号（按，日本古寺颇有用唐代年号的遗物）；却又一面自大，大得要说是天神下降。直到明朝，他那若有若无的“天皇”，虽然还在那里下一诏，称天下四海，他那实际执政的足利氏，便历世向中国求封为日本国王，即如丰臣秀吉，以欲借伐朝鲜而问鼎中原，为日本后世人所敬仰，却也受了中国之封（按，此事日本人不承认，然若未受封，万历之诰命何从留下而宝藏之）。这样矛盾心理，譬如以庶孽要为长宗，进退失据，自然全是“卑贱疙瘩”所表现。这样心理，自古已然，于今为烈，一面模仿西洋人，一面要说东亚本位，凭他这样心理发挥起来，好比妒妇之灭人之门，绝嫡之子，一旦得志，是决不使中国民族存在的，岂止国家而已。

日本人二千年中之历史，从部落到帝国，所表现的心理有两面：一面是要学人，一面是要上过人；一面自觉不如人，一面偏爱凭凌人，由他发挥这个性儿，只能有己无人。试看他灭韩的步骤，先上来说是助他解放，后来便是政治经济独霸。俄日战后，还说是保护国，不久便兼并了他，在当年不是高谈日韩亲善，如这些年之高谈“日支亲善”一样吗？他起初不是谈尊重韩国主权，如现在与汪协定前文的滥调一样吗？他不是对朝鲜人说日韩同种吗？

日本鬼子的性情，完全的得步进步，他今天订的条件，若是明天可以进一步，便毫不含糊的废弃；他今夜说的话，若是回家一想，还可进一步，明早起来，便立刻不认账。几年前在北平听到现在的一位封疆大吏说，日本人的性情有三点：一多疑，二小气，三性急。这样性情，哪有中间妥协的可能，即以他最近的侵略而论，在“九一八”时，他只说要求条约的权利，照他解释条约的权利，转眼便树立傀儡伪国了。彼时还说，要求不过长城，不过一年，便闹所谓“华北问题”了。“华北问题”他自己还未下妥定义，于是广泛含糊的三原则来了。在上海战事初起时，尤宣言世界曰“不侵华南”，次年便先以厦门作试探，继之以广东登陆了。目下他在中国还是进退两难的时候，已经在与汪贼之协定中布置妥了侵略苏联，吞并整个印度支那半岛，整个南洋的根据了。这样的国家，若不在国外遭受败衄，其侵略必无止境，而且快得很，这完全是小人得志、狠妇称心的把戏，对这种人只有“有你无我，有我无你”两句话。

凡是甲乙两国订个中途妥协的条约，必须有两个条件，至少有其中之一：第一，定约的对方要守信义；第二，弱者之一方虽稍弱，总亦要有力量维持这条约，换句话说，如对面破坏了，此方还能抵抗，不这样，决不能维持。试看汪贼所定约之对方，是那样得步进步的，是那样说话不算话的。再看汪贼的本身，有一个姓周的色鬼，姓丁的屠户，虽高宗武亦逃之大吉，有这样的力量，还能对日本说“以此为限”。其实这话仍是泛论，《日汪协定》已经卖了中国整个的平面，并且卖了上苍天下黄泉之立体，无所不包，即无所谓限，政治、经济、军事、文化乃至思想，无不订明使我永为奴隶。这又是何等条约，比之当年日本与韩国所订的条约，犹有君子小人之分了。然而汪贼的狗党，还在那里骗人，说：“委曲求全。”试看这些文件，委曲真到了一万分了，求全却在哪里？若必说求全，乃是倭贼求得中国之全体，而非国人求得一息之全生。若是国人中还有觉得他这个代订的卖身契，而可一想希图苟存者，直是晋惠帝之劝人凶年食肉糜，白痴而已！

汪贼有己无人，发了邪火，便欲断卖同种；倭贼有己无人，动了狂念，便欲绝灭人类。二者都是一种罪犯心理，不过一个是孤兽，一个是狼群，有此差别罢了。若是世界上还应该有人类的话，便当快快把这些人类毒素扫荡去。

（原载1940年2月25日《今日评论》第三卷第八期）

我所景仰的蔡先生之风格

有几位北大同学鼓励我在本日特刊中写一篇蔡先生的小传。我以为能给蔡先生写传，无论为长久或为一时，都是我辈最荣幸的事。不过，我不知我有无此一能力。且目下毫无资料，无从着笔，而特刊又急待付印，所以我今天只能写此一短文。至于编辑传记的资料，是我的志愿，而不是今天便能贡献给读者的。

凡认识蔡先生的，总知道蔡先生宽以容众。受教久的，更知道蔡先生的脾气，不特不严责人，并且不滥奖人，不像有一种人的脾气，称扬则上天，贬责则入地。但少人知道，蔡先生有时也很严词责人。我以受师训备僚属有二十五年之长久，颇见到蔡先生生气责人的事。他人的事我不敢说，说和我有关的。

（一）蔡先生到北大的第一年中，有一个同学，长成一副小官僚的面孔，又做些不满人意的事，于是同学某某在西斋（寄宿舍之一）壁上贴了一张“讨伐”的告示；两天之内，满墙上出了无穷的匿名文件，把这个同学骂了个"不亦乐乎"。其中也有我的一件，因为我也极讨厌此人，而我的匿名揭帖之中，表面上都是替此君抱不平，深的语意，却是挖苦他。为同学们赏识，在其上浓圈密点，批评狼藉。这是一时学校中的大笑话。过了几天，蔡先生在一大会中演说，最后说到此事，大意是说：

诸位在墙壁上攻击□□君的事，是不合做人的道理的。诸君对□君有不满，可以规劝，这是同学的友谊。若以为不可规劝，尽可对学校当局说，这才是正当的办法。至于匿名揭帖，受之者纵有过，也决不易改悔，而施之者则为丧失品性之开端。凡做此事者，以后都要痛改前非，否则这种行动，必是品性沉沦之渐。

这一篇话，在我心中生了一个大摆动。我小时，有一位先生教我"正心""诚意""不欺暗室"，虽然《大学》念得滚熟，却与和尚念经一样，毫无知觉；受了此番教训，方才大彻大悟，从此做事，决不匿名，决不推自己责任。大家听蔡先生这一段话之后印象如何我不得知，但北大的匿名"壁报文学"从此减少，几至绝了迹。

（二）蔡先生第二次游德国时，大约是在民国十三年吧，那时候我也是在柏林。蔡先生到后，我们几个同学自告奋勇照料先生，凡在我的一份中，无事不办了一个稀糟。我自己自然觉得非常惭愧，但蔡先生从无一毫责备。有一次，一个同学给蔡先生一个电报，说是要从来比锡来看蔡先生。这个同学出名的性情荒谬，一面痛骂，一面要钱，我以为他此行必是来要钱，而蔡先生正是穷得不得了，所以与三四同学主张去电谢绝他，以此意陈告先生。先生沉吟一下说："《论语》上有几句话，'人洁己以进，与其洁也，不保其往也。与其进也，不与其退也，唯何甚'。你说他无聊，但这样拒人于千里之外，他能改了他的无聊吗？"

于是我又知道读《论语》是要这样读的。

（三）北伐胜利之后，我们的兴致很高。有一天在先生家中吃饭，有几个同学都喝醉了酒，蔡先生喝的更多，不记得如何说起，说到后来我便肆口乱说了。我说："我们国家整好了，不特要灭了日本小鬼，就是西洋鬼子，也要把他赶出苏彝士运河以西，自北冰洋至南冰洋，除印度、波斯、土尔其以外，都要'郡县之'。"蔡先生听到这里，不耐烦了，说："这除非你作大将。"蔡先生说时，声色俱厉，我的酒意也便醒了。

此外如此类者尚多，或牵连他人，或言之太长，姑不提。即此三事，已足证先生责人之态度是如何诚恳而严肃的，如何词近而旨远的。

蔡先生之接物，有人以为滥，这全不是事实，是他在一种高深的理想上，与众不同。大凡中国人以及若干人，在法律之应用上，是先假定一个人有罪，除非证明其无罪；西洋近代之法律是先假定一人无罪，除非证明其有罪。蔡先生不特在法律上如此，一切待人接物，无不如此。他先假定一个人是善人，除非事实证明其不然。凡有人以一说进，先假定其意诚，其动机善，除非事实证明其相反。如此办法，自然要上当，但这正是孟子所谓"君子可欺以其方，难罔以非其道"了。

若以为蔡先生能恕而不能严，便是大错了，蔡先生在大事上是丝毫不苟的。有人若做了他以为大不可之事，他虽不说，心中却完全当数。至于临艰危而不惧，有大难而不惑之处，只有古之大宗教家可比，虽然他是不重视宗教的。关于这一类的事，我只举一个远例。

在五四前若干时，北京的空气，已为北大师生的作品动荡得很了。北洋政府很觉得不安，对蔡先生大施压力与恫吓，至于侦探之跟随，是极小的事了。有一天晚上，蔡先生在他当时的一个"谋客"家中谈起此事，还有一个谋客也在。当时蔡先生有此两谋客，专商量如何对付北洋政府的，其中的那个老谋客说了无穷的话，劝蔡先生解陈独秀先生之聘，并要约制胡适之先生一下，其理由无非是要保存机关，保存北方读书人，一类似是而非之谈。蔡先生一直不说一句话。直到他们说了几个钟头以后，蔡先生站起来说："这些事我都不怕，我忍辱至此，皆为学校，但忍辱是有止境的。北京大学一切的事，都在我蔡元培一人身上，与这些人毫不相干。”这话在现在听来或不感觉如何，但试想当年的情景，北京城中，只是些北洋军匪、安福贼徒、袁氏遗孽，具人形之识字者，寥寥可数。蔡先生一人在那里办北大，为国家种下读书、爱国、革命的种子，是何等大无畏的行事！

蔡先生实在代表两种伟大的文化，一是中国传统圣贤之修养，一是法兰西革命中标揭自由、平等、博爱之理想。此两种伟大文化，具其一已难，兼备尤不可覯。先生殁后，此两种文化在中国之气象已亡矣！至于复古之论，欧化之谈，皆皮毛渣滓，不足论也。

（原载1940年3月24日重庆《中央日报》）

这个样子的宋子文非走开不可

古今中外有一个公例，凡是一个朝代，一个政权，要垮台，并不由于革命的势力，而由于他自己的崩溃！有时是自身的矛盾、分裂，有时是有些人专心致力，加速自蚀运动，惟恐其不乱，如秦朝“指鹿为马”的赵高、明朝的魏忠贤，真好比一个人身体中的寄生虫，加紧繁殖，使这个人的身体迅速死掉。

国民政府自从广东打出来以后，曾办了二件大事：一、打倒军阀（这也是就大体说）；二、抗战胜利。至于说到政治，如果不承认失败，是谁也不相信的。政治的失败不止一事，而用这样的行政院长，前有孔祥熙，后有宋子文，真是不可救药的事。现在社会上若干人士，对于政府的忍耐，实在没有一个人可以忍耐现状，而是由于看到远景，怕更大的混乱，再死上几千万人，彻底的毁产，交通断绝，农业解体，分崩离析，弄出一个五胡十六国的局面，国家更不能有自由独立的希望。然而一般的人总是看现状不看远景的，看当前的政治，不看过去的功劳的，所以美英法政府，今天都不是他们抗战时代的组织。即是能看远景的少数人，久而久之，完全失望，彻底觉得在“魔鬼和大海之间”，也只有等死而已。《书》曰：“‘为政不于常’，道善则得之，不善则失之矣。”①

所以今天能决定中国将来之运命者，必须会悟今天政治的严重性不在党派，不在国际，而在自己。要做的事多极了，而第一件便是请走宋子文，并且要彻底肃清孔宋二家侵蚀国家的势力。否则政府必然垮台，而希望政府不垮台，以免于更大的混乱者，也要坐以待毙，所谓“火炎昆冈，玉石俱焚”，今天良善的人谁无“人间何世”之感？

宋子文第一次总持财政经济，本也看不出他有甚么政治家的风度，而为人所知的毛病实在不少。然而当时总还有人寄望于他。第一，他虽然也有钱得不得了，当时人的心中，还总以为他是用的政治地位，以“资本主义社会共同允许之方式”得来，仿佛像法国官僚，从穷小子到大富翁一样，还不会直接做了扒手，在他手中财政政策改变时，没有先加上一阵混乱，如孔祥熙在改法币时上海金融市场的怪象，弄得中外腾丑。第二，那时候国内企业在自然进步中，上海银行业在

① 原文出自《礼记·大学》：“《康诰》曰：‘惟命不于常。’道善则得之，不善则失之矣。”——编者注

发展中，他越借钱（就是公债票等），银行越要借给他（这是资本主义走上坡路时必有之事），挟着政府力量扩大的凭借，一切满意称心。第三，那时候他虽然做到了财政经济的独裁者，如德国的沙赫特（这是说他的权力，不是说他的能耐），还并未做行政院长，"总率百揆"（孔祥熙做寿的话），他的深浅，世人未尽知。

接着，他走了，孔祥熙"十年生聚佐中兴"（这是一个什么人送孔的寿联），几乎把抗战的事业弄垮，而财政界的恶风遂为几百年来所未有（清末奕劻有贪污之名，然比起孔来，真正"寒素"得很，袁世凯时代所用的财政人员，如周自齐、周学熙皆谨慎的官僚，并没有大富），上行下效，谁为祸首罪魁？于是宋氏名声顿起，"饥者易为食，渴者易为饮"，与其说是宋的人望，毋宁说是对孔的憎恨。试想当时宋未上台前两年中重庆的街谈巷议，真正有今昔之感。又看他初次出席参政会，会场中的人，挤得风雨不通，连窗子外门外都挤上千把人，都城人士的心理，对他是怎么样热望的？稍有常识，稍知检点，稍通人情，何至于弄到今天，弄到国人"欲得而食之不厌"，而国家受他这样的摧残，不自爱的人，实在没有过于他的了。他在美国时，国人苦于孔祥熙，所以寄望于他，当时国内的一般人，总认为他对美国有办法，对经济有办法，而当时自美回来的人，颇说他在美国弄得一团糟，对经济不会有好办法，当时的人因为希望太渴了，还多不信，现在久已百分之万的证明了，还不止于此呢！

说他这几年走下坡路的行事（以前也未必走上坡路，只是大家不知道而已），国家人民也随着他走下坡路的损失，真是写不尽，我也不屑写，只把他最荒谬之点分解一下：

一、看他的黄金政策。他上台最初一件事，是给以前买金子者一个六折，这中间，有小公务员，小资本家，也有大商人，官僚资本家。当时《大公报》还是有条件的赞成，我也一样，写了一文，载《大公报》，强调政府在战时可以征用私人的资本，但须用累进的办法，尤其是再想法子找大户。前者的原则是，国家为战争筹款，必须有钱者出钱；后者的原则是，担负不能在穷人身上。现在想起来，真正做到"君子可欺以其方"了。累进办法，在参政会并且屡次提出过，我们强调他更改，财政当局说，大户买时化小户，无法子分，争执不得结果。假如照那时他的说话，已买者尚可收回，未买者如何可以不加管制？近来，有一天抛五吨，经常是每天几千条或几百条，真正做到他的"自由贸易"的原则，然而试问，如果今日如此"自由"，当年何必"充公"？金价的波动，寻常百姓是吃不消的，虽然各处集到上海的游资许多不易查考，然而一买几千条的大户是谁？岂皆不能查出？报载最近风波之掀起是山西帮，传说是孔宋斗法，二公本无好感，何不可查查，自己的人是不是也在中间？是不是因为自己的人，一家同姓，一派下属，一大组合（如美国报所说："Soong Combine""Kung Combine"）而无从下手？如其不然，中央银行卖金子的铁幕何不可以为立法院、监察院、参议会驻会委员会揭开？我们国家是不是一个金子国，取之不尽的？如其不然，是不是还有别的方法吸收游资？是不是能和整个经济政策配合？一旦用得差不多了之后，何以善其后？如果今日之"自由"是，则前年之"充公"非。如果前年之"充公"是，则今日之"自由"非。所以纵然"不是"黑暗重重，也是无办法，无见识，无原则。子子孙孙要还的黄金债，他这样子玩，玩得领导物价，不特不足平抑物价，反而刺激物价，紊乱物价，至少说来，他是彻底失败了。

二、看他的工业政策。抗战胜利，他宣言曰，后方工业，无法保持，这是事实，但总要仔细检点一下，哪些确有设备，哪些只是玩枪花，分别情形，捡好的收买其设备，所以答其赞助抗战自沪迁川之热诚，这也不是太难的事，正所谓"栽者培之，倾者覆之"。然而他一笔抹杀，不问青红皂白，于是共产党大得意，高喊民族资本家。所有收复区敌伪的工业，全部眼光看在变钱上，有利可图者收归"国有"，无利可图者"拍卖"，于是工厂一片停止声。去年一年，上海小工业，停顿者百分之七十五以上，今年上半年恐怕要全部解决，他为政府筹款，办中纺公司之类，只要办得好，是可以的，那些闹的，也是要分赃的，不出代价，又借流动金。然而一般工业在水准上者总须加以维持，不好，改良他，不能坐视其死；更不好，不管他，不能连好带坏一律不问，政府是有责任的。这是失业的问题，即最严重的政治问题。他毫无根本办法，听说新任经济部长，本有一个“收购成品”的计划，如生产局。他置之不理，仅仅贷小款，这是把钱投入大海的；比投大海还糟，他们拿去；好的囤积，坏的又是黄金美钞，捣政府的乱。省小钱于前，花大钱于后；忽开头于前，无所措手于后；治病的办法不做，添紊乱的办法做去。年前年后，一切一跃一倍，最近一跃几倍，还不是更要多发钞票？听说他在做了行政院长后，第一次出席院会，说：计划不必行者，即不付钱，减了还是费钱；计划可行者，不必减他钱。这是神智开朗的话，何以行起来并不如此？为少用法币，抓得紧，是对的，然而要有经济政策，使人不失业，无经济政策之财政政策，是玩不转的，发大票子，专选年关，出口加补助，不看美英法律，前者毫无常识，后者毫无知识，再由他这样下去，三个月后，景象可想，也不忍想，今天连资本家也有许多同情共产党，开万国未有之奇，他把他的政府伺候得这样子的，人民不必说了，他心中反正没有人民的。

三、看他的对外信用。美国人有许多话也是乱说的，但严重的话，出于有地位之人，不能不弄个明白，为国家留体面，麦帅的经济顾问，说他如何如何，他愤然“更正”。那个人又说，宋如不承认，我举出事实来，所谓 Soong Combine 如何如何，他便不响了。又如美国纽约《下午报》，说他把联总送中国医院的调节温度器几架搬到自己家里，这几件东西究竟在哪里，他也不弄明白。诸如此类，我实在不忍多说下去。大凡一个上轨道的国家，原来经商的人一经从政，须摆脱商业，英国制度，不特阁员如此，即一个下院议员（上院是无作用的“辩论会”，故无此限）如其公司与政府签买卖合同，其议员资格自然无效。偏偏孔宋二公行为如此，公私难分。“大凡物不得其平则鸣”，而“以直道使人，虽劳不怨”。国家困难，上海经济难维持，假如自己有清风，仍旧可以有办法的，办人也可以取谅于人的，自己无 vested interest 可以制人的，如自己（包括其一群人）又是当局，又是“人民”，他人不得到意外便宜的，皆要反抗的。我向社会广泛提议，如立法院，如参政会，以及一切人民，都该彻底调查，上海及他地以及国外，所有豪门权族之“企业”是些什么内幕。他们的营业范围如何？他们的外汇得自何处。

四、看看他的办事。他在行政院，把各部长都变成奴隶，或路人。一个主管部的事，他办了，部长不知，看报方知之，真正偏劳得很。各部长建议，置之不理是最客气，碰钉子更寻常。这是他有兴趣的部。如无兴趣的部，则路人相待，反正要钱无钱，说话不理。他可以说，行政院不是由他组织的，这也是事实，然而如由他组织，不知是哪些小鬼呢。他平常办事，总是三几个秘书；在上海，总是三几个亲信；还有他的三几个“智囊团”，行政大事尽于其中矣，国家命运如此决定矣。我看，他心中是把天下人分做两类，其一类为敌人，即现行的敌人和潜伏的敌人（Potential Enemies），其一类为奴隶，中间并无其他；所以他管到哪个机关，哪个机关的长官便是他的奴隶。至于一切其他人，他都不愿见，见亦无可谈，开会不到，立法院参政会请他不来，至于人民请愿，更不待说，见人傲慢而无话，似乎奴隶之外全是他的敌人。这样行政，岂特民国“民主”不容有此，即帝国专制又何尝可以，只有中国是他的私产，他才可以如此做的。

五、当政的人，总要有三分文化，他的中国文化，请化学家把他分解到一公忽，也不见踪影的；至于他的外国文化，尽管英国话流畅，交些个美国人（有美国人说，看他交接的是些什么美国人，便知道他是什么人）是决不登大雅之堂的。至于他的态度，举两件一轻一重的事为例：他大可不请客，既请客，偏无话可说，最客气的待遇，是向你面前夹菜，此之谓喂客，非请客也。胜利后第一次到北平，时常在某家，一日，大宴会，演戏，文武百僚地方绅士毕集，他迟迟而来，来的带着某家之某人，全座骇然。此为胜利后北平人士轻视中央之始，因为当时接收笑话，尚未传遍，这事我只可说到此为止。在高位者，这些是要检点的。

说他不聪明罢，他洋话说得不错，还写一笔不坏的中国字(我只看到报载他的签名)；说他聪明罢，他做这些事，难道说神经有毛病吗？

我真愤慨极了，一如当年我在参政会要与孔祥熙在法院见面一样，国家吃不消他了，人民吃不消他了，他真该走了，不走一切垮了。当然有人欢迎他或孔祥熙在位，以便政府快垮。“我们是救火的人，不是趁火打劫的人”，我们要求他快走。

各报载，今日之黄金潮是孔帮与他捣乱，他如退休在上海的“林泉”，焉知他的帮不与后任捣乱？后任未必行，即行，四行在几种势力下如何办事，何况另有他法捣乱？所以孔帮宋帮走得远，也许还有办法，因为假如整顿财政经济，必须向这几个最大的“既得利益”进攻的，如其不然，不堪再摘，“流共工于幽州，放驩兜于崇山”，是最客气的办法，“摒诸四夷不与同中国”，才是最小可能有效的办法。我虔诚希望有此事，不然，一切完了！共产党最欢喜孔宋当国，因为可以迅速的“一切完了”。……国人不忍见此罢？便要不再见宋氏盘踞着！

(原载1947年2月15日《世纪评论》第一卷第七期)

我对萧伯纳的看法

我不是记者，也不是研究英文学的。由前一点，我不必写悼词；由后一点，我不配作萧伯纳的批评。姑且写几段感想，趁个热闹罢。

我在二十六七岁以前，是一个崇拜萧伯纳的人，至少到那时候止，他写的戏我大半看过。在英国住了两年多之后，尤其到了德国之后，知道了他对于瓦格纳·尼采的关系，对他的兴趣大减，觉得他那个调调儿翻来翻去总是那一套，在他每一戏中，“假如男主角不是萧伯纳，女主角一定是”。所以他的文章虽多，只是一个调子，远如王尔德，近如且斯特顿(G. K. Chesterton)，每人都有一个动人的调子，却也一本又一本总是那个调子，读者久而久之，自然倒了口味。

那么，他那个调子是什么调子呢？我说，就是莎士比亚戏中的丑角(Fool)，或应云“戏子”，因与中国之丑角大不相同。莎士比亚戏剧中的戏子是这样的：用极傻的姿态，和表面极傻的语言，说极有幽默，极其富于批评意义的话。萧伯纳自命不凡，他说“也许莎士比亚比我高些，但我站在他的肩膀上”，这话的道理，假如文艺进步如科学一般，后来居上；然而并不如此。他和莎士比亚确有一个关系，就是他是莎士比亚袋中的人物“戏子”，多嘴多舌得很有趣味而已。莎氏的戏剧气象万千，他只得其一曲而已。托尔斯泰批评莎氏，谓他的艺术无人生热诚，仿佛“性命无安顿处”，这话自有道理，奈何萧伯纳以一曲之才而要“蚍蜉撼大树”？

然而萧伯纳得到一世倾倒也正在此，说一句话，惹人笑一阵，近代社会要有解闷的人，他就是在解闷上最有贡献之一人。他的诙谐隽语，只够供人解闷。在这一点，虽然大小不同，他可以比于约翰生、服尔德，而且因为时代的关系，他的观众远过于这两人。但，他实在不如这两位。我的理由是这样：约翰生尽管见解不对，或者可说“落伍”，但他说的话是自信话，不是为逗趣而说话，这可以用服尔德批评他的一段话为证。

约翰生在当时是保守的，服尔德是进步的。有人问服尔德，约翰生如何人？服尔德说：“他是一个迷信的狗。”当时英国人说话作文常用狗字代替东西，约翰生又信教，所以这样说。后来服尔德和普鲁士伏里迭里大王吵架翻了，被赶出普鲁士，由于服尔德改了大王的法文诗。当时的社会对于谁是谁非有不同的意见。有人把这一件事告诉约翰生，约翰生说:“伏里迭里哪能和服尔德论诗?服尔德的僮仆作出来的法文诗还要比伏里迭里好!”有人又把这话说给服尔德,服尔德大笑说:“约翰生不是一个迷信的狗了,他是一个诚实的人!”诚实的人是约翰生!

服尔德却不如约翰生的诚实,但他确实站在时代的前边,为洛克、牛顿作普及的宣传,不像萧伯纳的晚年,专赞扬反自由的极权主义,和反科学的唯生主义,并且作了许许多多关于医学的怪说。

但是萧伯纳仍是属于约翰生服尔德一类的,就是说“滑稽之雄”。

萧伯纳之所以不够大,因为他自己实在无多创造的思想,而善于剽窃别人的思想,只是他能用他的怪调儿说出别人的思想来,说得听众感觉有趣而已。

那么他所剽窃的人是些谁?

在政治思想上,他所最受影响的是魏伯夫妇(Sidney and Beatrice Webb)。他们都是费宾社的创造人,这些创造人中好些因为意见不合而退出来,例如威尔士(H. G. Wells)。于是,久而久之,魏伯夫妇成了社会中的灵魂,魏伯夫妇是社会主义的新官僚派,人道主义的色彩甚淡,效能的观念甚重,而谓人道主义者为幻想家。……魏伯夫妇晚年大大赞赏苏联,以为是一个新的文明,在东方的民族中,三个人都极其佩服日本，而极其看不起中国人，因为中国人“乱哄哄”，“不会办事”(好个帝国主义的看法)！魏伯游中国后，说中国人是劣等民族，萧伯纳游日本，路过上海几有不屑上岸的样子。

费宾社开始时保守的人批评：你的主义很好听，只是行不通。魏伯、萧伯纳一群回答说：你的资本主义也许好的，只是以后再行不通。费宾社何以行得通？靠工会。结果：工会专政，不就是文化进步。

在一般思想上，人人觉得萧伯纳受瓦格纳、尼采的影响，这话“然而不然”。诚然，萧伯纳以给一个报尾巴作音乐评论起家，他当时大恭维瓦格纳，后来印成一本书，叫做 *A Perfect Wagnerite*，但是，他于瓦格纳真正浅尝得很，似乎只有滔天的自大是瓦格纳的传授。尼采是个真的诗人和创造思想者，萧伯纳可不是。萧伯纳听到这些话，倒也说出实话来了，他说：何必求之于远，我是独得之于巴特勒(Samuel Butler)的。

巴特勒真是一个伟大的思想家，犹如洛克是个伟大的思想家，服尔德之于洛克，犹如萧伯纳之于巴特勒，一味的剽窃。

巴特勒不满意达尔文，创为习惯遗传说，达尔文认为一无可取，直到门得尔(Mendel)研究重在1900年发现，后来又发展，推翻了达尔文的进化论(至少可说基本的修正)，才为人所注意。巴特勒不是科学家，然有奇辟的见解，萧伯纳关于这一类的说法，只是乱讲一阵而已。巴特勒的“理想世界”恰恰与一般人的理想世界相反，所作的三部妙书：① *The Way of All Flesh*，② *Erewhon*，③ *Erewhon Re-visited*，含有极深的社会批评，例如揭破牧师的伪善，称教堂为音乐银行（不兑现的），称学校为反理学校，学科为假想语言（评牛津、圜桥），谓病人应送到监狱，罪犯应送到病院，机器造反，而人为所制（现在机器真正造反了），等等一切，是对传统的英国社会作了一个极大深刻的批评。萧伯纳的批评英国社会伪善，正出于此。

萧伯纳对于巴特勒真是亦步亦趋，即如巴特勒发了奇想，“考证”出荷马歌诗的作者是一个希腊女人，萧伯纳也就是“考证”莎士比亚短诗的暗色女人是谁。

二人有个大不同。巴特勒文字隽美，思想深入，生前几乎无人读他的书。萧伯纳的文字啰唆，思想浅出，作品风行一时，一辈子赚了很大的钱。他对于抽版税是丝毫不苟的。章士钊求见，说：“先生在中国很出名。”他说：“在中国出名何用？中国不曾参加国际版权协定。”这虽然带些笑话，但我在英国读书时（三十年了），大学学生演他的戏，版税一道决不放松——尽管他是一个社会主义者。

萧伯纳晚年的哲学是柏格森（Henri Bergson）的，他在他的剧序中已经说明。巴特勒、柏格森刺激出他的生命观，就是——不要死。

萧伯纳将老，怕要死，写了一本《返于老彭》(*Back to Methuselah*)，还是一部大作(大约是1920年)。从此以后，剽窃得越发生吞活剥，见解越无中心，越说越无责任心。我想，假如不返于老彭，少活三十年，岂不更为完美？这实在不像人死后的说话，但这样场合，这样说法我却有点摹仿他的调儿。

我的看法总括如下：

他在政治上，是看效能比人道更重的。

他在思想上，是剽窃大家。

他在文章上，是滑稽之雄。

他在戏剧上，是一人演说。

他在艺术上，是写报纸文字。

五十年来，英国文学家兼不满现状者，有三个巨星：威尔士是近代主义的人道主义者，高尔斯窝次(Galsworthy)是真的艺术家，萧伯纳是滑稽之雄。三个都作了古人了，英国还有谁呢？

(原载1950年11月16日《自由中国》第三卷第十期)

简牍传音

答鲁迅信

鲁迅先生：

我现在所以把《新潮》第三期里加入科学文一条意见①自行取消的缘故，不过以为我们当发挥我们的比较的所长，大可不必用上牛力补足我们天生的所短。先生的一番见解是更进一层了。此后不有科学文则已，有必不免于发议论；不这样不足以尽我们的责任。总而言之，抱着宗旨去做就是了，管它什么体裁，什么材料呢。

先生对于我们的诗的意见很对。我们的诗实在犯单调的毛病。要是别种单调，也还罢了，偏偏这单调是离开人生的纯粹描写。我很后悔我的诗不该发表。

《狂人日记》是真好的。先生自己过谦了。我们同社某君看见先生这篇文章，和安得涯夫的《红笑》，也做了一篇《新

① 《新潮》第一卷第三号“通信”栏有史志元来信，建议《新潮》在哲学、文学之外还要提倡科学之新潮，傅斯年复信表示接受了这个意见。——编者注

婚前后七日记》。据我看来，太松散了。《新潮》里第一种成绩是小说。汪、叶、杨、罗、俞[①]诸君的著作，主义、艺术两方面都有道理——以艺术而论，我最佩服《一个勤学的学生》(也有几篇是随便做的)。

先生想闹出几个新的创作家来，实在是我们《新潮》创立的目的了。平情而论，我们正当求学的时代，知识才力都不充足，不去念书，而大叫特叫，实在对不起自己。但是现在的中国是再要寂寞没有的，别人都不肯叫，只好我们叫叫，大家叫得醒了，有人大叫，就是我们的功劳。有人说我们是夜猫，其实当夜猫也是很好的：晚上别的叫声都沉静了，乐得有它叫叫，解解寂寞，况且夜猫可以叫醒了公鸡，公鸡可以叫明了天，天明就好了。所以人家骂我们"胆大妄为"，正是我们的长处。所谓"日月出而爝火息"，正是我们要求的命运——但是日月一时不出，爝火总不令他一时息去。

斯年敬复

(原载1919年5月1日《新潮》第一卷第五号)

---

① 汪敬熙、叶绍钧、杨振声、罗家伦、俞平伯。——编者注

附：

致傅斯年

孟真先生：

来信收到了。现在对于《新潮》没有别的意见：倘以后想到什么，极愿意随时通知。

《新潮》每本里面有一二篇纯粹科学文，也是好的。但我的意见，以为不要太多；而且最好是无论如何总要对于中国的老病刺他几针，譬如说天文忽然骂阴历，讲生理终于打医生之类。现在的老先生听人说"地球椭圆"，"元素七十七种"，是不反对的了。《新潮》里装满了这些文章，他们或者还暗地里高兴。（他们有许多很鼓吹少年专讲科学，不要议论，《新潮》三期通信内有史志元先生的信，似乎也上了他们的当。）现在偏要发议论，而且讲科学，讲科学而仍发议论，庶几乎他们依然不得安稳，我们也可告无罪于天下了。总而言之，从三皇五帝时代的眼光看来，讲科学和发议论都是蛇，无非前者是青梢蛇，后者是蝮蛇罢了；一朝有了棍子，就都要打死的。既然如此，自然还是毒重的好。——但蛇自己不肯被打，也自然不消说得。

《新潮》里的诗写景叙事的多，抒情的少，所以有点单调。此后能多有几样作风很不同的诗就好了。翻译外国的诗歌也是一种要事，可惜这事很不容易。

《狂人日记》很幼稚，而且太逼促，照艺术上说，是不应该的。来信说好，大约是夜间飞禽都归巢睡觉，所以单见蝙蝠能干了。我自己知道实在不是作家，现在的乱嚷，是想闹出几个新的创作家来，——我想中国总该有天才，被社会挤倒在底下，——破破中国的寂寞。

《新潮》里的《雪夜》，《这也是一个人》，《是爱情还是苦痛》（起首有点小毛病），都是好的。上海的小说家梦里也没有想到过。这样下去，创作很有点希望。《扇误》译的很好。《推霞》实在不敢恭维。

鲁迅

四月十六日

致胡适（二通）

一

适之先生：

从去年12月别后到现在，已经过了7个月了，这个时期中常想和先生们写信，但不知为什么缘故，懒得了不得，所以一再迟延到现在。

这几个月里不知道北京大学里的先生和同学们有什么好消息。先生有工夫时还希望时常给我封信。

我先说说我途中的经过。

我是1月2号上的船，沿路很好，同船有八个中国人，——连我，——我独不晕船，其中也很有几次遇见大浪，我却照常睡觉，照常吃东西；可见晕船与身体不是定有关系的事。沿路风景的可爱，真说不出，恐怕取道美国，没有这个样子。热带的丛林，沙漠的田土，近东的人物，西班牙的海岸，是我平生不应忘了的。

我们是在利物浦下的船，住了一夜，就到了伦敦。

平伯忽然于抵英两星期后回国。这真是再也预想不到的事。他走得很巧妙，我竟不知道。我很怕他是精神病，所以赶到马赛去截他。在马赛见了他，原来是想家，说他下船回英，不听，又没力量强制他下船，只好听他走罢。这真是我途中所最不快的一种经历。

一句话说，平伯是他的家庭把他害了。他有生以来这次上船是第一次离开家。他又中国文先生的毒不浅，无病呻吟的思想极多。他的性情又太孤僻，从来不和朋友商量，一味独断的。所以我竟不曾觉察出他的意思来，而不及预防。他到欧洲来，我实鼓吹之，竟成如此之结果，说不出如何难受呢！平伯人极诚重，性情最真挚，人又最聪明，偏偏一误于家庭，一成"大少爷"，便不得了了；又误于国文，一成"文人"，便脱离了这个真的世界而入一梦的世界。我自问我受国文的累已经不浅，把性情都变了些。如平伯者更可长叹。但望此后的青年学生，不再有这类现象就好了。

但平伯此次回国，未必就是一败涂地。"输入新知"的机会虽断，"整理国故"的机会未绝。旧文学的根柢如他，在现在学生中颇不多。况且整理国故也是现在很重要的事。受国文先生毒的人虽然弄得"一身摇落"，但不曾中国文先生毒的人对于国故的整理上定然有些隔膜的见解，不深入的考察，在教育尽变新式以后，整理国故的凭借更少。趁这倒运的时期，同这一般倒运的人，或者还可化成一种不磨灭的大事业。所以我写信劝平伯不要灰心，有暇还要多读西书，却专以整理中国文学为业。天地间的人和事业，本不是一概相量的，他果能于此有成，正何必羁绊在欧洲，每日想家去呢！

但有一件事要注意的。平伯回国，敢保其不坠落，但不敢保其不衰枯下去。当时有《新潮》一般人，尚可朝夕相共，现在大都毕业，零散了不少。如果先生们对他常常有所劝勉，有所导引，他受益当不少的，否则不免可虑。

还有一层：别人对他回国不免有些怀疑，以为回国后思想必生大变，这是不然的。他生意挫折，自是必然的结果，但没有这事。他之忽然回去，乃是一向潜伏在下心识界的"浮云人生观"之突然出现，恐怕还有些遗传的精神病症。这虽是很不好的现象，但于做成学问无妨。况且平伯是文学才，文学正赖这怪样成就。

我到伦后，于 University College 听讲一学期，现已放暑假。此后当专致力于心理学，以此终身，倒也有趣。University College 中关于此科之教员有好几位，Prof. Spearman 是这一科的主任。此君学问颇博，但学究气太重，并非第一流的长才。此外如 Hicks，Hobhouse 等却很著名。

我抵英在 2 月末，马赛归来在 3 月 20 间，那一学年已经不能算了，只好从今年 10 月起。我的本意，想入理科第一学年，Spearman 不劝我这样，所以现在一面做 post-graduate work，一面再于 under-graduate 之科目中选些听讲。

近中温习化学、物理学、数学等，兴味很浓，回想在大学时六年，一误于预科一部，再误于文科国文门，言之可叹。

此后学心理学，大约偏重于 Biological 一派与讲 Freudian Psycho-analysis 之一派。

下学年所习科目半在理科，半在医科。斯年止中①对于求学之计划比前所定又稍有变更。总之，年限增长，范围缩小。哲学诸科概不曾选习。我想若不于自然或社会科学有一二种知道个大略，有些小根基，先去学哲学定无着落。

近来很不想做文章：一来读书之兴浓，作文之兴便暴减；二来于科学上有些兴味，望空而谈的文章便很觉得自惭了；三来途中心境思想觉得比以前复杂，研究的态度稍多些，便不大敢说冒失话；四来近中更觉得心里边 extroversion 的趋向锐减，而 introversion 之趋向大增，以此不免有些懒的地方。

诗久不做了，但中国诗与英国诗还常读。于此也稍有些意思，但不愿写出。

在伦敦也稍有些新朋友，有几位学问为人都极好，所以

---

① 原文如此，疑错漏。——编者注

并不寂寞。

留学界的情景，据我在这几个月中所见的而论，不使人满意的地方很多。求速效，急名利，忽忘学业，几乎是一种最普及的现象。不济的不消说，即所谓人才者，也每每成 politician 与 journalist 之"一而二，二而一"的人格。我很希望北京大学里造成一种真研究学问的风气。

先生此后有什么著述，如经刊印，请随时寄我一本。

先生现在在中国知识界的地位已高，因此事件必多，分神的地方不免。这又何尝不是一种不可免而又可凭以施行所期的现象，但从将来的大成上看，不免反为魔障。人的幸福，我以为全在学问与事业之进行中，而不在成就之后。但凡觉到了成就，顿时意趣索然。以先生之识与力，自必精勤继续未竟之业。总之，为个人言，古来成学业的，都是期于白首，而不隐于才华；为社会上计，此时北大正应有讲学之风气，而不宜止于批评之风气。社会上的名望，我常倒转说，"不可怀也，亦可畏也"。先生自提倡白话文以来，事业之成就，自别人看之实在可惊，然若自己觉得可惊，则人之天性，本是以成就而自喜，以自喜而忽于未来之大业。所以兴致高与思想深每每为敌。人性最宜于因迫而进，而惯怠于实至名归之时。

这些话都不是说先生如此，乃谓名成之下更极危险，不可不预防。易多牵连，便多危险。先生不要误会，此非言已有此象，乃谓有不可不预防者——预防社会止住自己的进化。

我在北大期中，以受先生之影响最多，因此极感，所念甚多。愿先生终成老师，造一种学术上之大风气，不盼望先生现在就于中国偶像界中备一席。

“书不尽言”，我这些话很枝枝节节，不能达意。但我想先生一定能体解的。

要写的正多，以后再说罢。

一涵、慰慈诸位先生处请代致意。

学生　傅斯年

1-8-20

（收入耿云志主编：《胡适遗稿及秘藏书信》第37册，黄山书社，1994年）

二

适之先生：

顷接雪艇一信，内中抄了一大段先生给他的信，附云：“此信已抄送介公，实则介公近日已将调回之议搁下”，云云。

我许久未写信，因要说者多，不知从何说起，故一连迁延。近又因我们曾选了你，不愿以内容事先奉告，“正经事，正经办”，何必多说？反涉嫌疑。今见此信，实在忍不住，只好说几句。

先是，蔡先生去世后，大家在悲哀中，前两日未曾谈到此事。后来彼此谈，不谋而合，都说要选您一票，其余则议论纷纭矣。有说咏霓好者，亦有反对者。在昆明时，我曾与枚荪谈过一下。我说：“你想，把适之先生选出一票来，如何？”他说：“适之先生最适宜，但能回来么？”我说：“他此时决不能回来，此票成废票。”他说：“这个 demonstration 是不可少的。”我又说：“那么，选举出他一个来，有无妨害其在美之事？”他说：“政府决不至此，且有翁、朱、王等在内，自然轮不到他。”此事，有若干素不管事之人，却也热心。如寅恪，矢言重庆之行，只为投你一票。到重庆后，评议会的人渐集，自非“科学社”几个外，平空谈到此事，都说先生一票不可少。是时雪艇以顾孟余之说提出，约我们去商量。我说，我个人觉得孟余不错，但除非北大出身或任教者，教界多不识他，恐怕举不出来。当时我谓缉斋说：“我可以举他一票，你呢？”他说：“我决不投他票，他只是个 politician。”我谓雪艇说：“你看。”后来书诒与朱详细一算，只可有八票，连缉斋在内呢。此事，雪艇与书诒曾很热心一下，只是觉得此事无法运动。这一般学者，实在没法运动，如取运动法，必为所笑，于事无补。

忽在开会之前两天，介公下条子，举顾孟余出来。此一转自有不良影响，平情而论，孟余清风亮节，有可佩之处，其办教育，有欧洲大陆之理想，不能说比朱、王差，然而如何选出来呢？大难题在此。及介公一下条子，明知将其举出，则三人等于一个人，于是我辈友人更不肯，颇为激昂（但仲揆对此说甚 favorable，且不以下条子为气，与其平日理想不同）。辗转传闻，雪艇疑我是说他鼓动下条子。我当时说，雪艇决不会做此事，可是有些理想，与布雷等谈及，无意中出此枝节，容或有之，要之，亦是为研究院。但雪艇总不释然。次日晚翁、任出名请客，谈此事，寅恪发言，大发挥其 academic freedom 说，及院长必须在外国学界有声望，如学院之外国会员等，其意在公，至为了然（彼私下并谓，我们总不能单举几个蒋先生的秘书，意指翁、朱、王也）。接着叔永发言，大意谓在国外者，任要职者，皆不能来，可以不选。接着我发言，谓挑去一法，恐挑到后来，不存三四人，且若与政府太无关系，亦圈不上，办不下去。以后步曾提议 straw vote，straw vote 之结果：翁 23 票，胡 21，朱 19。是日雪艇只一票，大家皆诧异，且有外人疑是顾说之影响，但顾之一事，只有我们三五人知之，他人从未想到此，尤不能想到与雪艇联为一系也（我们后来曾竭力使雪艇好过些，但总不释然）。

1946年胡适(中)返回北平，李宗仁(右)与傅斯年(左)等到机场迎接

隔一日，正式开会投票。到场者30，雪艇主席，放弃投票。凡此29票中，翁、朱皆23，先生21（大约如此，亦许差一二票，记不清楚，但两次次叙皆无误也）。正式投票中，次多为雪艇、叔永，各四。投任票者，皆科学社。

此番经过，无组织，无运动，在翁、任请客外，亦未聚商，三五人闲谈则有之耳。举先生者之心理，盖大多数以为只是投一废票，作一个demonstration，从未料到政府要圈您也。我辈友人，以为蔡先生之继承者，当然是我公，又以为从学院之身份上说，举先生最适宜，无非表示表示学界之正气、理想、不屈等义，从未想到政府会舍翁、朱而选您。我初到渝时，曾经与雪艇、书诒谈过举你一票事，他们都说，"要把孟余选出，适之也必须选出，给他们看看"，当时可以说是没有人料到照顾到你。此会全凭各人之自由意志，而选出之结果如此，可见自有公道，学界尚可行democracy！朱票多，王票少，其故事后想来有三：1. 朱任总干事二年，院中人甚熟；2. 中英庚款会整年的礼贤待士；3. 朱为人善与各人要好。王之少票如下：1. 王在部长任内，惹恼了好多有大学背景之人；2. 不习自然科学，与"科学家"少认识（评议会大多数为科学家），人以为是个法官。至于顾说，决无影响也。

此次我们未投叔永票，惹得他的太太大怒，方知叔永演说之旨何在。

选举次日，雪艇遇到介公，以顾未选出及三人结果陈明，介公笑了一下。次日语孔云："他们既然要适之，就打电给他回来罢。"此真出人意外。大约朱、翁二人，亦皆以此忤旨，派他们设法举顾出来，而未办到，偏举上自己。至于不能兼职，乃纯是借口也。

还有笑话：未开会前若干日，与枚荪（昆）、书诒（渝）谈到举先生，他们都说，"他选出来一定高兴，且有此 honor 在国外也好"（此意只枚荪说过）。

所以我们的意思，只是"正经事，正经办"，且不惜忤旨（不举顾），以为此事至少决不至于忤及中国之大 academician 兼自由民主主义之代表者也！

介公此说一出，于是孔乃立即推荐四人，其人皆不堪。此后我即加入运动先生留在美任之友人中，曾为此事数访岳军，并请万不得已时，先设法发表一代理人，最好是翁，以便大使改任一事停顿着（此节雪艇知之详）。然我们如此想者，亦是为国家，在先生则似不应当生到选举人的气。其后一想，"学院的自由"，"民主的主义"，在中国只是梦话！但是把先生拉入先生的主义中，却生如许枝节，亦是一大 irony！

实则我们之选与不选，先生之就与不就皆不相干，此一纠纷之故，乃在美使一任之时在议论中，而尤在孔之始终反对先生也。孔自先生初任时，一至于今，不断的说，"适之不如儒堂”，中间闻有一段稍好些，但不久又变矣（去年合众社一电纠纷，他都不从井下石）。故孔之反对先生，是一大动力，此外则各方之传言也（王儒堂尤力，曾致介公大怒）。端升亦云，先生亦不妨稍敷衍敷衍去美之吾国人。我以为既为国家办事，此等事亦不妨稍有损焉。至于熟人中之传说，有可请先生注意者数事：

1. 馆中 staff 始终未曾组织好，凡事自办，故 efficiency 难说。先生之 administrative 事，我自以为并我亦不苦，更不必说丁大哥（我此言可谓胆大妄说），故闻此语颇为动心。天下大事，非一个人能自办的。又言馆中纪律亦缺欠，先生看到人家打牌，自己也加入。此事似值得考虑也。

2. 对介公未能“奉令承教”，去年说是介公有一电，先生回电，径告以不可行。当然介公的想法不见得做到，然此等对付法，非其习也。

3. 近日高贼宗武夫妇常往大使馆，此则此间友人大有议论。先生本有教无类之心，以为此人则改过之迹，或因是耶？然此贼实为穷凶极恶，以前即知其妄（大有办他自己外交之势）。汪逆之到于此步，咎由自取复何言。然汪逆之事，国家实蒙其大耻大害，最好不曾有，而汪逆之至于此，皆高丑拉拢也。至于半路出来，非由天良，乃由不得志，且是政府一批大款买出来的。即孟余亦如此说。国家此时不能将其寸磔，自有不得已之苦衷，先生岂可复以为人类耶？其妻亦妓女之流，妻之义弟与高去同流合污，今尤为伪官也。

至于反对先生人之话中，亦有一二可知道：

1. 先生只拉拢与中国既已同情者，而不与反对党接洽。

2. 先生只好个人名誉事，到处领学位。谨按，此自非坏事，但此等事亦可稍省精力，然后在大事上精力充足也。

总之，国家外交上惟一希望在美，故希望至切，“无功待时”之说，自不易为人解也。

再说回到选举。元任事后补投一票（当无效），内即为翁、胡、朱三人，信中并云与先生谈过，先生说王好，元任说先生好。此足征人同此心也。先生致雪艇信中云，“特任大官”（按，大使乃特任大官，中研院长闲曹耳），“说话不自由”。然做大使尤不自由，亦应更不自由也。北大与研究院何别？总之，我们愿先生留在美任，乃为国家着想，而其选举乃纯是为的“学院主义”“民主主义”，闹到此地步，真是哭不得笑不得耳。

又雪艇只抄节目，未抄原信。

一件旧事，一并说一下：先生去年来信，以为我怪先生前年劝我不攻孔之电，我决不曾怪此电，然先生此信中意则不能不以为奇也。先是咏霓以电转来，切思以详情奉告，以为事在进行，不便与“特任大官”商榷，不妨事后再详陈其故，以请不奉令之罪。同时前后，闻先生病，即托咏霓急电去问。我在渝时，总告王、翁二公时时给您打电，我自己固无打电之力，即写航空信亦是不易，穷得可怜！以后时时打听先生病的消息，闻又出门演说，即敦请梦麟先生去一电，非敢茫茫无恩，置之度外；至于写信之懒，乃平生之恶习，亦即并不能为简任小官之故也。当时接先生劝阻之电，尊意全为介公着想，我亦有同感，深佩深佩。然而事不能已者如下：1. 孔之为私损公，毫无忌惮，先生久在国外，未能深知。2. 他之行为，堕人心，损介公之誉，给抗战力量一个大打击。3. 贪赃枉法，有钱愈要钱，纵容其亲党无恶不作，有此人当局，政府决无希望。4. 他一向主张投降，比汪在汉、渝时尤甚。5. 一旦国家到了更危急的阶段，不定出何岔子。6. 为爱惜介公，不容不反对他。……我一读书人，既不能上阵，则读圣贤书所学何事哉？我于此事，行之至今，自分无惭于前贤典型，大难不在后来在参政会中，而在最初之一人批逆鳞也。若说有无效力，诚然可惭，然非绝无影响，去年几几干掉了，因南宁一役而停顿耳，故维持之者实倭寇也。至少可以说，他以前是个 taboo，无人敢指名；今则成一溺尿桶，人人加以触物〔侮?〕耳。士人之节，在中国以此维纲常者也。然而先生一电，乃从大体论，故虽不能从，却深佩也。至于去年之信，则实出人意料之外，盖竟真以为孔有好处，此当以先生在外久，未知其近事，而忘其昔事耳。然政治家似不宜不 balanced。思之再四，始恍然，先生盖受陈光甫之影响也。先生易受常见之影响，此亦一例。然国家大事，似应全观其概，不便(?)君子可欺至此。且信中又作一孔、宋比较论，此乃可怪。孔之自解也，以为我辈受宋之运动，后且谓受汪逆之运动(彼如有 OGPU，傅孟真之墓木拱矣，然我在前年正月在汉始作此事，即已将一人之事置之度外)。故谓孔、宋之争者多有之，不意先生亦有此言，此岂亦陈光甫之贡献耶？我与宋未谋一面，未通一信，未致一意。宋子文、王儒堂辈，乃先生当年所称赞，我鄙视此等人久矣。且国家大事，何必非亲不可也。故我心中惶惑，在此信不在彼电，其实我亦知先生此信是受谁影响，惟国家大事，似当从其大者言也。

北大事，我这一年亦颇尽力，近则焦头烂额矣。北大文科研究所去年恢复，向中英庚款会捐了点小款，除教授兼导师外，请了向觉明作专任导师，邓广铭作助教，考了十个学生，皆极用功，有绝佳者，以学生论，前无如此之盛。汤公公道尽职，指导有方，莘田大卖气力，知无不为，皆极可佩。此外如毅生、公超、膺中皆热心，只有从吾胡闹。此人近办青年团，自以为得意。其人外似忠厚，实多忌猜，绝不肯请胜己之教员，寅恪断为"愚而诈"，盖知人之言也。近彼大骂受颐无学问，我真不能忍耐，即与之绝交。我自求代理此事，一年中为此进城不少，又由史语所借了一大批书，弄得史语所中颇有怨言，真不值得。

受颐总算对得北大起。他当年不就港大之富而忍北大之穷，且彼自始即负洋债，其情尤可感。此人聪明，有事务才，望先生能与之通信也。关于中央研究院事，先生既如此生气，即不以渎闻，要之，糟极。

专颂

日安！

斯年

29/8/14

再补说选举：当时雪艇以为我们几个人可以左右大势。我说，这般学者“一人一义”，我与缉斋既不能互以其意见喻，只有任其自然，且看有无公道。我们只是凭各人之良心，希望政府守法律。此外皆做不到。顾之一说，若是翁、朱、王三位大卖气力，作为自动的自让，再有充分时间，也许可以做到，但条子一下，即无法挽回。

元任事闻已定，为慰，此时回国不易矣。我这一年读书甚多，知注奉闻。寄上之书想已收到。

（《胡适来往书信选》中册，社会科学文献出版社，2013 年）

致蔡元培

孑民先生左右：

（中略）我所学之科目——心理学，一以圜桥设备为最周，所以想去住住。牛津圜桥以守旧著名，其可恨处实在多。但此两校最富于吸收最新学术之结果之能力。就学问论学问，正不必恶朝歌之名而回车。校风固不好，是诚然，要是一离中等教育就往那里去，必糟无疑。但若心已定形，便不易染其恶，而能受其善。而且那里是专讲学问的，伦敦是专求致用的。剑桥学生思想彻底者很多，伦敦何尝有此？极旧之下每有极新，独一切弥漫的商务气乃真无办法。伦敦訾两校以游惰，是固然，然伦敦之不游惰者，乃真机械，固社会上之好人，然学术决不能以此而发展。北京之与上海、北大之与清华，有些仿佛是剑桥与伦敦之比。圜桥之收藏，其地又无商务气，真绝好之读书所在。但仍以研究生为宜，初来英国即望圜桥，恐仍"凶多吉少"耳。

斯年临去国时，已决定学心理学。北大师友，多劝我学历史，这或者是就我一向所学者立论，和我也未尝不宜。但近中蓄积之问题极多，而毫无解决之法。即如近中胡、周二先生所争之个人生活或社会生活，又如组织所供献之 Efficiency 与自由所供献的 Intelligence，其比较之量如何，又如个人或社会间的关系等等，很难解决的问题。对待的两方面，同时者我心识界里各占地盘。一人心识，分成两片，非特本人大苦，而且容易成一种心理上的疾病。因此还只好请学问救济罢。

心理学到现在还不是一个成立的科学，因此各派难合。斯年所好乃 Hobbonse。Mc Donvall 一派以生物科学讲心理者，亦甚喜 Frend 一派之心理分析学。此两派皆以心理学为生物学之一部。至于专以自然科学之方法讲心理者，颇与我的性情为远。

罗素已搭船去（一报馆记者言）中国，在北大任教席二年。北大现象每有所闻，无不使人喜悦。

斯年有一言想和先生说。北大此刻之讲学风气，从严格上说去，仍是议论的风气，而非讲学的风气。就是说，大学供给舆论者颇多，而供给学术者颇少。这并不是我不满之词，是望大学更进一步去。大学之精神虽振作，而科学之成就颇不厚。这样的精神大发作之后，若没有一种学术上的供献接着，则其去文化增进上尤远。近代欧美之第一流的大学，皆植根基于科学上，其专植根基于文艺哲学者乃是中世纪之学院。今北大之科学成绩何若？颇是可以注意的。跛形的发达，固不如一致的发达。愿先生此后于北大中科学之教授法与学者对于科学之兴趣上，加以注意。

吴稚晖先生过伦敦来谈了半天，很觉感动。后来吴先生匆匆去了，有些要说的，不及说。有两事想由先生转致，也请先生注意。

第一是移家留学，我对此怀疑之点很多。生存（existence）、生活（life）与就学三件事决不一样。吴先生所谓就学者，乃生存。生活且说不上，何论就学。以中国人的家属的性情而论，年事稍长，来国外非特不能就学，并无与其所谓“文明空气”也者接触之机会，只等狱囚而已。即在国外终身，也与不在国外等。中国此刻很重要的一件事，是在些大城堡设点太太们的学校。如此收效颇多。假如把移家就学之精诚，转移到这上，其收效之大，何止数倍。先生何妨在北京大学左近组织一个“教职员学生家属学校”呢？

我很相信改良社会的原则，是以比较的最自然的方法，而谋最大量的效果。

平情而论，西洋人一家之所住，以一人之所在为转移之办法，何尝不是最人道的。但中国家庭之组织，本与欧洲不同，其改良之方法，绝不必照抄。我们当这过渡时候，苦痛是该受的。

第二是留学的发达，似应与国内教育平行。若专为跛形的发达，收效颇不大。吴先生在当年国民会谓“若移北大之经费于海外办大学，其成效更大”。此言实所未喻。第一，国内若无学术之高洁空气，虽国外有，但一经转回国内，易就沉沦。第二，教育不是教育各个人，乃是教育各个人而及众。在国外的地势便不如在国内了。此刻在北大读书，和在巴黎流荡，比起来还是上一项好罢。吴先生诸位太偏重国外的方面，太轻视国内的方面了。恐怕国内若能与国外共进，或者与国外方面也有绝大之助力，否则国外方面想终成无根的泡影。学问与人格之成就，多半在风气之感化，欧洲风气固好。但他的好风气，好些中国人加不进。国内近中的风气却是普及的。

即如吴先生最近欲举所有北大国文门之教员移之里昂，斯年觉得颇不是办法。

斯年决非反对泛留学论者，一向与吴先生共其意见，所以方到英国，就写了一篇《留学问题谈》，然而越看越听，越悔前言之孟浪。至今斯年固未弃以前的意思，但觉得其可斟酌之处颇多。我愿吴先生于比较的益处上多注些意。吴先生未免太注重片面之益，不想到各面比较之益。

吴先生之精诚，我们焉得不敬服，但有些心理，实在像中国的老先生。先生到欧洲来看看,或者以斯年之言为然。

半农先生在伦敦,常相见。均好。

先生下半年来欧洲时,顺便来英一看否?

昨接李四光先生自德来信,云北京电招其往北大任地质学教授,问我北京大学的情形。我不消说是竭力劝他去的。李君与丁君,乃英学界之"两科学家"。不特学问大家佩服,即学问以外的事,也是留英的精粹,他们所学的科学,真能脱离了机械的心境,而入于艺术的心境。丁君上月初才往国内去,或就西南之聘亦不甚定。他在物理上颇多些理论的发明,毕业论文乃一绝难能之电子理论。李君生平,不仅学者,更是义侠之人。此间的留学界很多称道。李君不甚愿应北大之招,欲就西南。我看先生还是竭力聘去好,定于北大有多少益处。

斯年心中很感得学科学者之可敬,与李君只见两次,不知为何其感我如此之深。今姑彻悟致思之疏密与人格浅厚,有绝大之关系。自念无力专致自然科,且恨且惭。

学生　傅斯年

46 Sisters Avenue Batiersea

London S. W. II. England

(原载 1920 年 10 月 30 日《北京大学日刊》)

致罗家伦

志希足下：

昨信想达。方才接到你的快信，此一件事我想了好几点钟，现在叙述如下。

（一）过去的经历。光是弟在巴黎最后接到朱寄之二十，换了后，还债等已精光，末日只剩了三十佛朗，其手中之二十马克尚是。从吾寄我者也。到了此地，幸员外尚有几文，故用到11月，过了初十，朱寄来二十镑，交了2月房钱去其过半，所余的月底完还了员外怎么办呢？幸与老陈定了一约，他先把二十镑之马克给我，我交了学费及他种零费，借给一位更穷的朋友三十马克，交了这月房钱，今天只剩了四个半马克，愁得这两天无以为计也。

这一个半月中，看来像是用了四十，但有百马克余之房钱，像前者，又有火炉子费，又交学费，故实是十分减省，每日吃饭在二马克与三马克之间，未曾看戏一次。书是买了一部文法，一部梵文法，一部 Karlgren 的语学（非其字典），上一是上课，下一是为写书用。又做了一件应当做，不能做，而竟做了之事，即是把书箱子买了三个。先是弟有书箱子四个，为老童拿去一个，说是老周为我买一个，亦竟未送来，满地书乱七八糟。且明年二月弟离德国，不早预备，到时迁延一月，便吃一月之亏。今夏以书故，未能辞房子，归后计算，深感其累。故发愤从早预备。一日之计，定了三个，后来送来，不能不付钱。去了五十马克光景，此时悔之矣。故此一个半月，实是十分因穷而省之局面也。①

（二）此时的打算。上星期初已即向朱要二十镑，大约此星期可寄来。但此是老陈的了，有约在。他即日走，先赴英国，故更无从通融起。那么怎么办呢？上星期一向朱写信时，说有二十方可过年节，当时尚未计算得清楚，信发觉"斯言之玷，不可为也"。始意觉得这月总可勉强到底，但陈走甚急，姚钱不来。前昨两日，整日思法子。昨天开了一个书单子，择其或有人要者于 Hirschwald，未知下文如何？此时满想向朱再要，但如何措辞，且甚无效耳。

寄还兄一事，假如朱处可要，亦非一星期所能成功，照例我要不是 10 日至二星期之间。上次巴黎要到之快，是例外者也，上星期要者，他尚未寄来，此时加要，又有前言，必不甚

---

① 上有眉批曰"信中一切情由乞勿告人"。——编者注

置意，故至早应待至年底，再出一题目去要。此时要，必然无效也。（以此往经历言）弟后天即设法子办，今天正思不得术路。昨遇员外，他云，他一接到钱，即打电话。但这个谁晓得是如何者？北大此时能电汇学费然耶？弟如日内得从吾处□□，或思得他法子时，便即以奉闻。朱处在此二星期之内，无可希望。所以先告你这一声我此时的感觉，是这个 X'mas 实无法过，专看卖书有效否？

弟于三个星期间，总寄上一数目，这个星期之内，想到现在，尚未尝有法子也，兄能暂时在巴黎多为一个短期，三星期之通融否？弟年关左右一星期总能寄兄一笔。

要是老陈不走尚有法，而他即走。他的钱为郭才子陈津藻二位借了上路，故他也着急无对。

此时柏林的环境中，比先更窄，故通融之国，更穷。几乎等于不能借分文之局面。这两月，子水、从吾、大维都是赖老陈维持。老陈大苦，老陈走后，更不了矣。弟想明年先请朱把我这川资垫一半，以送物及去德，故明年正月末，或须亲自一至英国。①

现在赶这 Post，又上课去，余待日内叙。

---

① 此处眉批曰"此事切勿对任何人言之"。——编者注

斯年[1]

连看三星期必是甚利害。

弟向朱要钱，有一不便之处，因弟一要，即是三份，每次都有王、张二位在内，故朱亦甚不便。此次川资之计已向王、张二君函商，如不得他同意，弟不进行也。

（罗久芳：《傅斯年留学时期的九封信》之三，
1998 年 3 月 1 日台北《当代》第 127 期）

① 此信为傅斯年 1926 年 2 月下旬所写。——编者注

致蒋梦麟

孟邻先生赐鉴：

书电均悉。国文系事根本解决，至慰。惟手示未提及马幼渔，深为忧虑不释。据报上所载情形论，罪魁马幼渔也。数年来国文系之不进步，及为北大进步三障碍者，又马幼渔也。林妄人耳，其言诚不足深论，马乃以新旧为号，颠倒是非，若不一齐扫除，后来必为患害。此在先生之当机立断，似不宜留一祸根，且为秉公之处置作一曲也。马丑恶贯满盈久矣，乘此除之，斯年敢保其无事。如有事，斯年自任与之恶斗之工作。似乎一年干薪，名誉教授，皆不必适于此人，未知先生高明以为何如？

文学院计划书，斯年并未见此物，仅受颐先生交斯年一稿，其中仅史学系课程，记得已还。若未还，恐须斯年回后自找。其中大旨受颐先生或仍记得。

梁实秋事，如有斯年赞成之必要，谨当赞成。若询斯年自己见解，则斯年疑其学行皆无所底，未能训练青年。此时办学校，似应找新才，不应多注意浮华得名之士，未知适之先生以为何如？（朱之实学恐在梁之上。）

斯年至迟下星期一返北平。

专此，敬叩

日安！

斯年谨上

五月八日星期二

（耿来京：《傅斯年未刊书札》，1997年《近代史资料》第97号）

致张元济

菊生先生赐鉴：

久不侍教，渴念弥深。迩者辱承长者赐之手书，拜读之余，欣感无似。敝所史学一部分，业已迁京，斯年即在此间服务，有事当时至沪上，聆教正有日也。敝所数年来以财力所限，收书不多，然所藏亦偶有善本，其中以史部居多。书目编成后，当持求教正也。百衲本廿四史之印成，赖大力进行，今未成者一篑耳。斯年有微意，敢以求正。《史记》所用之本，其半为王本，其半为王本之祖本。《史记》之善本不少，先生所以独选此者，意者以其兼备《集解》《索隐》《正义》耶？然王本流传尚多，其局刻翻本尤为普及。祖本纵有一字之长，轮廓究非异制，易以他本，或亦一法。若虑不能兼备三注，斯年则以为或无兼备三注之必要。盖《正义》晚出，本无关弘旨也。忆一日于某君座中询赵万里君云："宋人合注疏而刊之，而不辨注疏所据非一本，即不能不改字，而改字即失原来面目。卢抱经、段懋堂慨乎其言之矣。《史记》三注皆分别流

中央研究院第一届院士合影，五排右二为傅斯年，前排左五为张元济，前排右四为胡适

传，南宋末合刊者，毋亦重蹈此失欤？”赵君以为正有此失，前年彼亦曾校出若干条（未以见示）。果此情不虚，或者百衲本中不收三注兼备者，未始非一善法。闻《楹书隅录》所著录两宋本之一在去冬出于北平书肆，沅叔先生据校一卷（司马相如传），胜处甚多。此书现归上海中央银行陈君，果先生以为可用，或可以物色之也。

《明史》无殿本以外之刊本，故百衲本仅附《捃遗》。然四库本系殿本刊行后更修改者。百衲本既以补正殿本为宗旨，似不妨于《明史》舍殿本而用四库本，俾已有殿本者不有重复之累，而别得一秘本。以上二点，教请斟酌。

闻《四部丛刊》四编或不复付印，极觉可惜！营业自以销路为前提，然此事业，能勉为之，则勉为之，望先生更力排困难，行强不息也。年来斯年有一微意，以为北平各国立机关藏有善本者，不妨各出其所藏，成一丛书，分集付刊。先自有实用、原未流传之材料者始，其纯粹关系版本问题者，可待将来社会中购买力稍纾时。书式如《四部丛刊》，以保原来面目，且可定价低廉（《续古逸丛书》式不适用之）。至于各机关之分配，可如下表：

故宫	60%
北平图书馆	25%
北大	7%

历史语言研究所　　　8%

如选择时宗旨不在玩赏，而在流传材料；不多注意版本，而多注意实用，销路当可超过《续四部丛刊》之上。兼以公家所藏，名声较大，故宫之菁华（观海堂所藏包括在内）、北平图书馆之秘籍，未尝不可号召，在日本及西土尤动听闻。此事就事业论、就生意经论，皆有意思。果此事有先生与孑民师之提倡，斯年当效奔走之劳。至于各处之出其所藏，斯年可保证必成也。便中幸先生详计之，为感。群碧楼书及敝所所藏如有需用之处，自当奉借。

专此，敬颂

道安！

傅斯年谨上

二十五年四月五日

（张书学、李勇慧：《新发现的傅斯年书札辑录》，1997年《近代史资料》第91号）

上蒋介石（二通）

一

介公委员长赐鉴：

自抗战以来，我公领导将士官民，为民族生存作空前之奋斗，精灵感照，国民一心，士卒致命，友邦倾服，人类共仰，固中国历史上所希有也。然行政未逮军事，外交则虽我公明定大计，而执行之人无所事事，遂前于无济于事。斯年缅怀国步之艰难，瞻念我公尽瘁报国之赤心，不能不有所直言。窃以为今日外交、行政之未能发挥效能，固有众多原因，而当官之人实为主要关键。以我公之睿哲乾断，决策于中枢，则负行政、外交之专责者，但能一心为国，奋发自励，即足有为。无如负责之人另是一格，故虽有谆谆之命，而作来一切如不似也。谨分述之：

（一）关于孔院长

甲，在孔院长任内，英美之财政协助事实上恐不可能也。按，历年来在中国之英美人士对孔院长颇多不满，尤以整理

1946 年傅斯年与蒋介石同游文丞相祠

公债及施行法币两事，在宣布前上海市场紊乱十余日，为讥评之要点。当时各外报攻击不留余地，甚至伦敦、纽约报纸亦有所讽刺。其奉命贺英皇加冕也，英国报纸自其出国之时起作各种嘲笑之论调，法国报纸并出恶言。中国广派随员，则英政府直函驻英大使云，“不胜惶惑”。孔院长既为专使，英国自不得不待以国宾，然于中国协会欢迎席上，外相艾登致其关于财政建设之“友谊警告”。商务大臣兰西曼在另一宴会中演说曰“一国之财政必须求收支相抵，然后可谓有政策，不然者将破产”，长篇大论，直是一番教训。李滋罗斯更直谓在英中国人云：“中国财政之最大危机，在财政当局之不得其人。”斯年推寻英国人态度如此，盖有三因。一由于政策者：英国财政当局认为孔部长无一个财政政策。二由于故事者：上述两次上海市场之紊乱，自英美之政治标准看，是头等官邪，故印象深刻。第三，由于态度者：孔部长在英，议论甚随便（如于演说中谓中国关税可增至五倍等类），而英国要人谓孔部长举止傲慢，言语无理，无政治家之品格。又英国人之脾气，颇重视私人行止之细节，而使团中行动有时不伦不类。（姑举一事：一日孔部长在伦敦失其汽车，招警察厅职员来，责之曰：“我在此为国宾，如何失窃？”警厅去询，旋来电话曰：“大人车在某停车厂，至于缘何在彼，请问贵国人员。”盖孔部长之女公子驾出，损而修理，随员竟无人敢以直告，遂成笑柄。似此故事，不可胜述。）于是伦敦财界乃扬言曰："英国甚愿帮助中国，然孔为财长，一切困难矣。"

至于美国，与中国财政关系较浅，其对孔院长亦复同样少好感。斯年窃恐孔院长任中，外国帮助一语徒成空言矣。

乙，孔院长之实任院长，在国人心理中深感失望，其最近言语举止深致社会不安也。……若与之辩，则必举例曰："若孔氏者，非贪污腐败之结晶乎？"其中是非，非斯年今日所深论，然既有此普遍的影响，似不可不留意其根源。且此评价不特在一般民众中为然，即文武百僚，亦多心怀此意，私下议论而不敢昌言耳。

又孔院长久任其幼稚之子管理要政，竟于财部指挥大员，更以其不成年之小女管理机要电报。似此公私不分，未有近代国家可以如此立国者。

又孔氏在国防最高会议中及其他重要场合频发怪论，肆诋宋前部长，群伦惊骇，因而社会中纷纷议论，一若财政崩溃即在目前者然，武汉人心于此不安矣。

斯年所知孔氏不满中外人望之事什倍于此，今姑举其最足危及国家者。窃以为今日之局，在外必求友邦协助，在内必求上下一心，若以孔院长一人为之梗，似不可不早计之也。

（二）关于外交王部长

按，在此时负外交之责者，必须用心，必须努力。用心然后可以默识列国大势之演变，把住机会；努力然后可以有为。今王外长绝不努力，绝不用心，中外皆以为话柄。不特不能勤听勤读，细研情报，即驻华之外交人员亦少来往。各使馆中人见其毫无精神，鲜谈正事，时对国人有怨言，曰："中国何以不重视外交至此。"至于我国在外使馆，于重要关头每不能如期收到训令，空为焦急。即部内员司，亦每言长官不动作之苦。此似非济时之外交也。

其实王部长亦有不能尽负其泄泄之责任者。盖上有孔氏指挥自决，外长等于跟班。纵外长为用心之人，亦不能发挥其作用。

且孔氏无权不揽，无事不自负，再积以时日，恐各部皆成备位之官，不只外交失其作用而已。

凡上所述，事虽涉乎个人，实有关于政体，其中绝无虚语，皆有人证物证，斯年负其一切之责任，如荷垂听，感激罔极！

专此，敬颂

□安！

（收入耿云志主编：《胡适遗稿及秘藏书信》第 37 册）

二

介公总裁委员长赐鉴：

自参政会开会以来，两侍明教，备闻经国之弘谟、济时之象义，远谋深虑，景仰何极。□□等瞻念邦国之前途，重感斯民之劳瘁，窃以为行政院院长孔氏，才能物望堪否膺此重任，颇欲有以密启于我公。今值趋谒之便，敬写一简，以尽所言，留呈左右，用备垂览。

（一）自才能论之，孔院长未堪行政院长之大任也。谨按，就中国官场应付技巧言，孔院长实为上选，敷衍群类，历练世故，固有超群之才。然而建设近代国家之良规，敷施大政之正义，非彼具有也。夫三年前确定法币之一举，固为一大事，然此事上仗我公之威灵，外得友邦之协助，故底于成，非孔院长所可尸其全功也。抗战以来，收入暴落，善理财者当于增税、发公债、节约、借外债四项，应机立断，谋之必成。今抗战经年，始谈增税、节约，事既迟矣，而发公债不获良果，借外债则彼个人实为之障碍（详下），所有一年中财政之维持，无非借法币之基金，此则“坐吃山空”之无政策耳。通货缺少则任其自然，限制外汇则办法紊乱，故今日觉其危急之极。夫善为政者必有眼光然后把住未来，有政策然后得其扼要，有明断然后不误事机，有步骤然后得其效用。今孔院长于国家大事只是枝节应付，并无政策，其用人则一由爱憎，罔分贤不肖。兼以行政权阁僚可办者亦独握之于一手，遂致大僚有备位之感，事务鲜推行之效。此则不堪为太平之宰相，而况为中兴之宰执乎？若其罔知轻重，颠颠倒倒，传为话柄之多，即以最近一事言之：参政会开会之第二日，孔院长于秘密会议中力言守秘密之必要，此堪佩服矣。乃昨日于公开会中，旁听席及记者席坐满之时，孔院长历说最近接洽借款情形，如英国阁议之延期下星期决定也，英国外相、财相之态度也，美国方面之如何有望也……滔滔不绝，座中多人为之心惊色变。迨孔院长说完，议长不得已，乃云："请在座诸位切勿发报，切勿传说。"此亦怪事矣。

（二）自信望言之，孔院长实为国人所痛恨也。夫国民之指责孔院长，大体言之，不外纵容其夫人、儿子如何如何敛钱耳。此中经历，□□等既非参与之人，亦无侦探之友，自不能举其证据。然而国人纷纷言之，则亦不可忽略者也。只恨监察当局未能调查宣布。如其实也，国法犹在；如其虚也，亦可为彼洗白。惟就形迹所指者言之，可骇叹者已不少矣。夫统一公债，制定法币，孔院长任内之两大事，此两事固于国有利，然在办法公布前之十数日中，上海市场大紊乱，受托户头大做买卖。此等现象，近代国家所希有也。又如去年纱布交易风潮事，我公雷霆震怒，全国欣然仰望，欲其水落石出。然沈、盛二人被押之时，即孔夫人飞往牯岭之日，据传闻云，彼虽不敢面谒我公，却亦多所活动。此事卒以财政部不协助实业部及法院之调查人，含糊了事。去年庐山谈话会时，会中谈国家大计，会外则群聚谈此事，至于一般国人心中观感如何，不言而喻也。且孔氏一家生活之奢侈，一门举动之豪华，固不能不蒙物议。夫弘济艰难，人格为主，领导百僚，信望为先，平时且然，况此日乎？

（三）自用人言之，孔院长未能明识大体也。孔院长爱惜故人，重视乡谊，凡山西同乡及彼在北京政府下为吏时之同僚，均不惜优为安插，此虽封建时代之惯习，却不可为有道邦国之训典。若其拔识人物，亦复别具标准，为例太多，姑就近事者两人言之：一为孔祥榕。按，孔院长之家谱本与曲阜孔氏接不上，孔祥榕为之安排，遂得孔院长之欢心。孔祥榕之治河也，排斥科学专家，专用北廷旧吏。其贯台决口一事，事前既疏于防范，事后不能合龙，山东及徐州人民恨之切骨。及合龙之后，乃建一大王庙于河上，以孔部长及韩复榘配享，又将一死蛇装入匣中携来南京，示之于孔部长及经济委员会，谓此即大王之化身，由彼祈祷所致，合龙由此。不图二十世纪之国家有此怪事。此人竟敢不向审计部、经济委员会报销，习以为例。马当封锁工程又委之于彼，炮台沦陷之第二日，寇巨舰已渡过矣。二为盛昇颐（即盛老七），此即纱布交易所案主犯之一，上海公认为孔夫人之经纪人，经我公之命为法院扣押者也。彼来汉以后，孔院长委以机要，近更以对俄对德交换事务委其司掌。其兄“盛老四”，现在上海为汉奸巨头，此一事实孔院长亦承认，只谓其兄汉奸，不能谓其弟亦为汉奸。此说固合逻辑，然盛昇颐本人亦是著名之邪僻子，纱布交易所案可证也。即欲为之安插，何至托以关系国家存亡之要件？今盛昇颐常飞香港，而倭贼每历历言明吾国自俄所得军器之详数，此固不能指定为彼泄漏，然如此之人在孔院长左右，为官纪，为要务，皆堪忧也。

（四）自友邦观感言之，孔院长之在位，实为得助之障碍也。此日借款之困难，得助之不易，固为事实，然去年尾及本年初则不如是。只以英国财政当局（首相张伯伦亦此派也）对孔院长有不可动摇之见解，终不能推动。此情形在美亦然，要以任因诈财坐监四年之昆陛（Quinby）为拉拢人，哗然纷然，徒遭报纸之攻击，未得借款之分文。（近闻另由他人向别一财团接洽，然前此耽误已不少矣。）斯年二月末在香港，闻之一英国重要人云，李滋罗斯与罗杰士皆公然曰，如孔在位，英款决借不到，中国财政已至此，何以尚无决心，云云。今日英国为中国事在着急，吾等但希望其改变。然国民参政会一同人最近在港于香港大学副校长谦中，亲闻于香港总督及英大使者，仍是类此之一套话。英大使此次到汉之始，即扬言曰，决不拜访孔院长。夫外国人之可恶及其气势，□□

等自来痛切感觉之，然而彼等批评孔氏者，皆关大节，并非私憾之点，且推行法币政策时彼等之协助，亦为不可掩之事实。（吾等为国家立场，听到此等话，自不能不为孔院长辩解，故每不能尽闻其辞，然其大略可知矣。）且孔院长对外国人实有畏惧而多所敷衍，即如限制外汇后汇丰银行因所求外汇未得全数，来信十分强横，孔院长竟如愿以偿之。故彼在外国人口中之批评，似未能归之于不敷衍，当有更大原因在也。夫一国之公卿，固不必依国际名誉而进退，然强国习惯亦有可以参证者。罗斯福就任之始，朝野皆以为必用贝克（威尔逊时代之陆军部长，民主党大首领之一，名望极大，“九一八”后痛责日本，竭力助我国，其态度鲜明在一切人之上，今逝矣）为国务卿，然发表后乃是赫尔，并在报上流露其理由云：贝克如任国务卿，未免刺激日本太甚。以美国之地位，罗斯福排日之政策，尚有此顾忌也。又如法国外交政策由张伯伦挟之而变，遂以庞莱（有亲意之名）为外交部长。夫大国之习惯如此，况吾国之希冀协助者乎？

（五）准以孔子礼教，院长之持身治家，至少可谓失检也。孔院长以孔子后裔自负，然孔子之先祖正考父“三命兹益恭”，故垂为家风。今孔院长位愈高乃愈骄纵。其子令侃以圣约翰之一学生为特务秘书，身兼数职，又为中央信托局之主宰人，铨叙部鲜得过问，国家法令为彼不行，彼又趾高气扬，直断大事，全部仰其鼻息。孔院长出国时对徐次长颇有责言，故孔院长返后，徐乃口头表示愿辞。此人近在香港声名尤劣。上文所举一宴会中，英人谓其如何如何，参政会某同事乃谓事无证据，故我公不能办理，香港大学副校长斯洛斯即曰："中国政府如向英国人要证据，我能立即举出十个来。"又其次女尚未成年，即为孔院长司机要电报。今年一月行政院开会时，彼挟公文而出，孔院长向各部长介绍云，此我之女，为我管电报，白为国家服务，还有人批评，岂非笑话，别人尽管批评，我自管这样办，云云。此语一时哄传武汉。此人后来赴香港，一日在启德飞机场犯规，印度巡捕来制止，彼即击巡捕以掌，巡捕乃还击。后来闹到巡捕房，警官云："此非中国领土，焉得如此无礼。"按，此即数年前在南京开汽车不守规则，警察制止，而开枪伤警察者。如此情形，孔院长夫妇实不能不负其责。如曰此为家事，然此等事非与国家无关也。

孔院长自国外归来，自负益甚，时时向人言曰：我在德国时，他们说我是中国的戈林。按，希特勒近来□置戈林，使其为继承人，为世界熟知之事。德国人如有此言，亦当是揶揄之辞，然竟以此得意。又德国交涉换货之克兰，行前对人云，孔院长屡向彼言，只有他自己签字的算数，虽委员长订的货，他也不认账。孔院长又时时对人云，委员长以老大哥看待我，如何军委会向行政院来命令？似此妄谈，至少可谓直不成体统矣。

孔院长之身兼各职，皆不胜任，固为□□等之定见，亦为全国之公言，今辱承温问，敢不尽其所知，既以报国家历年养士之恩泽，亦以答我公尽瘁报国之赤诚。今全国一致竭诚拥护我公，则政府尤不可不健全。如承审察事实，当机立断，以慰四海之望，则抗战前途幸甚矣。□□等虽肝脑涂地，亦足以发扬我公为国忧勤之大意也。

专此，敬叩

钧安！

二十七年七月十二日

（据影印件，原件存南京中国第二历史档案馆）

致任鸿隽

叔永吾兄左右：

前日奉急电，适是日为星期日，晚间遇思永、彦堂，次晨晤济之，曾将大致情形商量一下，将主要点，当日电达，计邀清鉴。是日下午，乡间送来电稿一（当日晨三位均返乡）。因已发一电，故未再发。兹将此稿附此信中寄上，乃本所有关诸人，弟亦在内之共同意见也。顷奉手示（9、10 两日，此两信均于今晨到此）。并叔平先生信（内抄行政院决议文）始知其详。吾兄 10 日手书中，体贴吾等困难，至为感谢。此事凡在能力所及，自当遵政府命令办理，为院本当如是，此不待言。惟书若干 physical impossibility，所附电稿，已陈其纲。乞兄惠予体察。兹再补充数事。

一、此项物品，装箱多以地方或研究之方便为序，故不能但开少数之箱，开即必须开至一百以上（至少）。此项箱子，堆积如山，并无次序。且小事人多，亦无济于事。盖有关美术各物，皆思永兄经手，大家动手，更乱，更不省时间，故必须由思永一人负责检理。且此项长途陆路运输，铁箱子亦须自做。而云南工人之不习此事，及其无时间意识，使人便不能定以短期。然则检装二事，所诣六星期者，实估计已低。事实上，六星期恐办不到，绝无法提前也。又思永正在作一文，送太平洋科学会者，此亦迫在日前，否则顾此失彼（此点虽不关重要，然亦麻烦）。

二、陆运，由昆明至塔城之外，三分之二为山路，三分之一为河汉。此项箱子，普通者，决不能用，非用精良木板（干者），用机器紮以铁片不可。此事在昆明能否办到，大是问题。故路上之不散板，大是问题也。

三、殷墟出品，性览甚脆（fragile）。因地下埋藏千年，出土易碎也。其所以有目下此态，乃发掘诸人之功，否则无不缺唇落齿矣。铜器等一部分，本可不至破裂，但其死纹极易有损，小件为尤甚。即不刻亦易以振动落皮。在此情形下，在此古董，当达不到故宫。彼多“熟古董”“旧玩”，即出土数百年，其表面已有固定性者（亦多修理过），殷墟则全是新玩也。海运颠簸尚少，陆运真不得了，以沿途公路皆不高明乎（且极坏）。故不怕颠顿者，只有兵器及玉器。玉器当至宝，实有舍不得其冒险之处。

四、又有一困难，即日下弟前夜正在编此项报告，期于迅速成功，如有一批出洋，实最多障碍。

兄手示，所言三项。第一项“凡不禁途中颠簸的物品，不必出展”，如施用此原则，则可一出展者，仅有兵器。此外，至轻品是容易落皮者（铜、石），玉器则又太小，极易失落也。

1929年，傅斯年（右三）与罗家伦（前中）、陈衡哲（右一）、任鸿隽（右二）、李济之（左一）等友人参观北平郊外考古挖掘

第二项，但取有美术历史价值，"又一般人对之饶有兴趣者"。大约殷墟物品，历史价值甚大，美术价值颇有限。只有美术价值者，即最易脆裂落皮者。故弟等思之久，舍以放大照相代替外，实无善法。时间上尤不容许。此非不努力，一月装齐之法，实是一个"物质的不可能"乎。

放大照相一事，看来是容易，事实上并不然。亦须思永一个月之大努力，且所费恐须千元。此事如做得好，亦很有意思。此零零星星出品不多之现状，反为庄严而有意。盖既不能作成一套有代表性、有刺激力之原物，则丰富照片一套，转为像样子。

兹以一切上陈，明晨将手书送济之兄处。如别有补充之处，或另有妥法，当缕陈。并当通知思永兄，恳其即日开始筹备照相。

兄如另有所示，当谨遵考量也。

专此，敬颂

日安！

弟　斯年谨上

六月十三日

近来精神颓衰，连篇白字（所指同声假借，一笑）。此信匆匆付邮，不知有多少，不及检正。以后恐与老兄有此毛病，乞谅之。

此信虽已成过去，其中如下情形（事实）或仍可供参考，兹奉上。22日收到。

（据影印件，原件存南京中国第二历史档案馆）

致赵元任

元任我兄：

长信收到，读了悲乐交并。此等航空信中不能长写，故间说下：

一、回国与否，此事两面都有道理，分别去说。所中自兄离去二年，实验室之工作迄未复，而方言调查只有整理，并无扩充，此尤是有形之损失。二组及所中各位同人，无不切盼兄之返来，此时大家团圆，有近于在北平时，所缺只兄一人。故所中同人无不时时问兄返国之消息，今年如不返，是大家最失望的事。此中情形，兄知之详，不待弟说。若就二组言之，方桂雅不欲长代，兄之返来自是切要之事。但从兄个人想，目下此间生活之贵不可想像，食品全部约涨十倍（与兄去时比较），故四百银元之薪只有吃饱，其他须一切停顿。而盖房子一事，方桂、彦堂等既已大失败矣，租房又不能舒服，开办费须三千元（美金二百元）。自桂南战起，此间日子实不舒服，更以滇越路似断非断，以后只有日苦。兄必不辞与我们同共此苦，然兄身体又不佳，非可过分勉强。故返来诚足以慰同人之渴望，留下亦为我等释忧虑之心念，此仍听兄自决之。

二、如决定仍返，即乞来一电，以便租房子（太不易，须大努力耳）。

三、主任事。此事甚简单。二组由兄创办，规模从兄，故兄除非以赵太太之福气，去做大官，此职不可离去，此时尤不能谈此。一谈只有枝节耳。若竟有他，故必让此职，方桂自是惟一之继承人，他人无论所中所外，皆万分不在话下。此亦与三组情形同。三组必以济之为主任，若万一必去，只有思永，无他人也。然此之一说，只有侯之疾病死亡，其他理由皆不可援引。故目下之办法，仍以请方桂代理下去。兄宜多来信劝他，不可以“一让”促成“不代”也。故此事不必谈，如只劝方桂为兄多劳而已。

四、与 Yale 合作事。此事大佳，办好了，可有很好的结果，乞兄努力。然有一点不可不使 Yale 方面先知者，即 Acad Sin 出钱一说，在今日固办不到，即在数年内亦无希望。盖美金之法价，决无法返原。此时全所经费，与兄一年之薪水差不多（全所每年约十万元，兄之 5000 等于 18 积90000），故“贫者不以货财为礼”此一句话，不可不说之在先也。弟意此事办到后，我们人到 Yale 自以语学部为对象，而他们到我们这里乃是学中文——规规矩矩的学中文——我们必竭全力助其成学也。此事待略有眉目,再细奉陈鄙见。

五、*Men of Math*. 弟已看到,不要了。又 *Library Digest* 之定位通知已到,书尚未到,多谢多谢,全所大读矣。兄前赠第二书,故有同人借看多次,后来捐了本所 library,盖非如此不能保全也。

嫂夫人近日想必甚好,干女儿如何?至念至念!初以为不久可见,今又未定,为之惘怅。以下一节兄剪寄适之先生。专颂旅安!并候四位小姐!

弟　斯年

二十九年二月二十二日

(收入耿来京:《傅斯年未刊书札》)

致朱家骅

骅先吾兄左右：

兹有一事与兄商之。梁思成、思永兄弟皆困在李庄。思成之困是因其夫人林徽因女士生了 T. B.，卧床二年矣。思永是闹了三年胃病，甚重之胃病，近忽患气管炎，一查，肺病甚重。梁任公家道清寒，兄必知之，他们二人万里跋涉，到湘、到桂、到滇、到川，已弄得吃尽当光，又逢此等病，其势不可终日，弟在此看着，实在难过，兄必有同感也。弟之看法，政府对于他们兄弟，似当给些补助，其理如下：

一、梁任公虽曾为国民党之敌人，然其人于中国新教育及青年之爱国思想上大有影响启明之作用，在清末大有可观，其人一生未尝有心做坏事，仍是读书人，护国之役，立功甚大，此亦可谓功在民国者也。其长子、次子，皆爱国向学之士，与其他之家风不同。国民党此时应该表示宽大。即如去年蒋先生赙蔡松坡夫人之丧，弟以为甚得事体之正也。

二、思成之研究中国建筑，并世无匹，营造学社，即彼一人耳（在君语）。营造学社历年之成绩为日本人羡妒不置，此亦发扬中国文物之一大科目也。其夫人，今之女学士，才学至少在谢冰心辈之上。

三、思永为人，在敝所同事中最有公道心，安阳发掘，后来完全靠他，今日写报告亦靠他。忠于其职任，虽在此穷困中，一切先公后私。

总之，二人皆今日难得之贤士，亦皆国际知名之中国学人。今日在此困难中，论其家世，论其个人，政府以皆宜有所体恤也。未知吾兄可否与陈布雷先生一商此事，便中向介公一言，说明梁任公之后嗣，人品学问，皆中国之第一流人物，国际知名，而病困至此，似乎可赠以二三万元（此数虽大，然此等病症，所费当不止此也）。国家虽不能承认梁任公在政治上有何贡献，然其在文化上之贡献有不可没者，而名人之后，如梁氏兄弟者，亦复少！二人所作皆发扬中国历史上之文物，亦此时介公所提倡者也。此事弟觉得在体统上不失为正。弟平日向不赞成此等事，今日国家如此，个人如此，为人谋应稍从权。此事看来，弟全是多事，弟于任公，本不佩服，然知其在文运上之贡献有不可没者，今日徘徊思永、思成二人之处境，恐无外边帮助要出事，而帮助似亦有其理由也，此事请兄谈及时千万勿说明是弟起意为感，如何？乞示及，至荷！

专此，敬颂

道安！

弟　斯年谨上

四月十八日

弟为此信，未告二梁，彼等不知。

因兄在病中，此写了同样信给咏霓，咏霓与任公有故也。弟为人谋，故标准看得松。如何？

弟　年又白

（原件存台北“中央研究院”历史语言研究所）

致陈寅恪

寅恪吾兄：

8 月 1 日函诵悉，先是接兄前一信，嘱函托立武在广西大学设讲座一事，弟当即将原函寄杭，并请其务必设法（中英庚款濒于破产），杭无回信。然兄 8 月 1 日信已言其既办矣。最近又有武汉大学连来三信，张真如、王抚五、吴其昌，兹将张、吴二信抄奉，王信与张同。弟复张信，并一并抄奉（为一切了然计，直告张以资实，免得再来信不休）。此盖慕名之举，而如吴其昌信，须弟一面劝驾，一面化缘，则太可笑也。兄之留桂，早在弟意中，弟等及一组同人渴愿兄之来此，然弟知兄之情况，故此等事只有凭兄自定之耳。其实当年兄之在港大教书，及今兹之举，弟皆觉非最妥之办法。然知兄所以如此办之故，朋友不便多作主张，故虽于事前偶言其不便，亦每事于兄既定办法之后，有所见命，当效力耳。犹忆去年春，弟入中央医院之前一日，曾为兄言，暑假后不可再住香港，公私无益，且彼时多方面凑钱，未尝不可入内地也。但兄既决定仍留港后，弟养病歌乐山，每遇骝先、立武见访，皆托之设法也。兄今之留桂，自有不得已处，恐嫂夫人在彼比较方便，但从远想去，恐仍以寒假或明年春（至迟）来川为宜。此战事必尚有若干年，此间成为战地，紧张之机会固远在桂之下。至少此为吾辈爱国者之地也。兄昔之住港，及今之停桂，皆是一“拖”字，然而，一误不容再误也。目下由桂迁眷到川，其用费即等于去年由港经广湾到川，或尚不止，再过些时，更贵矣。目下钱不值钱，而有钱人对钱之观念，随之以变，然我辈之收入以及我们的机关之收入，尚未倍之，至多未三之也。故今冬或明春入川，其路费筹措，或超过去年由港入川，然尚未必做不到，过此则不可能矣，即如昆明友人，此时欲留不可（太贵，比重庆倍之），欲行不得。研究所之搬，弟当时之意即不愿以“拖”而更陷于困境，宁可一时忍痛。此等情形，本在

兄洞鉴之中，然弟瞻念前途，广西似非我兄久居之地，故愿事先以鄙见奉闻也。中英庚款会之讲座，本与一般大学教授同，尚不及最优者，弟闻消息，本年有裁去之议，而未果行。但该会明年或须关门（该会之欠债人即政府各部门，以交通部为最多，一齐赖债，该会遂向政府求乞，以维持其固有之事业，明年恐并此亦不易矣）。中基会者较优（目下月七百元），济之是一例也。但恐亦不能在广西大学设讲座（亦是向政府乞零钱）。故如此看来，兄只可以广西为甚短期之休息处，若

不早作决意，则将来更困难矣。大著可在内地印，且可较速。仍是商务王老板办，弟去之近，可催之也。集刊第九、十两本皆陷沪。兹第十本在此重排，其第一分已出，如尚未见，当由渝直寄上，文化驿站印也。自第十一本起，仍由商务办，目下图版、刻字、音标，皆无法子办，然兄之著作，固不受此影响耳。前之隋唐制度考源，如尚有清稿，亦可在内地印。成后随时寄弟可也。

兄在接此信前，必曾接到弟之一电，云总处所发聘书，乃假定　兄到李庄者。此事经过如下：5月末，企孙来一信，云兄既不能到昆明或李庄，则以本院专任研究员薪住桂林，如何？弟复信甚长，大意谓，此点在研究所组织通则上有明白之规定（第十二条"专任研究员须常川在研究所从事研究工作，兼任研究员于约定时间内到研究所工作"）①，未可由本所造成例外。且弟办此之原则，凡事关人情者，当对同事尽其最大之帮助；然事关规例者，则未可通融。故寅恪之支专任研究员全薪，须以在李庄为前提，至于为报销前支旅费（旅费无法报销，本院无特别费），作为全薪以抵之，至抵尽止，则无不可也。并言及薪数应为六百四十元，云云。企孙由昆明回信（彼往昆明，云9月归）云极赞成弟意，嘱弟电商兄来李

① 此处另有附语："企孙原件谓以专任为限。"——编者注

庄否？弟以前已有两信寄兄，言李庄各情形（此信迄未于复信中谈及，但仲揆谓已转兄，究收到否为念），未再去电，而兄命托杭在广西大学设讲座之一信到，弟知兄决留桂矣，故未即复企孙。同时接王毅侯兄信，则聘书已直寄兄，谓薪自1月起，6月以后寄桂林等语，并云皆是企孙之命。此则弟不解矣。盖与企孙复弟之信绝不同，此举可使人误以为兄可以专任研究员薪留桂，此又非企孙函弟之说也。此事错误在何处，俟企孙兄信到，或可知之。此事在生人，或可以为系弟作梗。盖兄以本院薪住桂，原甚便也。但兄向为重视法规之人，企孙所提办法在本所之办不通，兄知之必详。本所诸君子皆自命为大贤，一有例外，即为常例矣。如思永大病一事，医费甚多，弟初亦料不到，舆论之不谓弟然也。此事兄必洞达此中情况。今此事以兄就广西大学之聘而过去，然此事原委就不可不说也。

兄之原薪（月一百）外有无暂加薪四十已向企孙请示矣，已函毅侯照旧寄兄于桂林。余另，敬叩

日安！

弟　斯年上

八月十四日

（原件存台北"中央研究院"历史语言研究所）

寄新潮社诸友*

同社诸兄：

出北京的那一天天气很寒，已经下了两天的霰了。上车后，看到乡间，各枝各叶都是白的。我那时有两种感想：一、冬候旅行，精神总是爽快的，气体总是清白的，所以“寒冬十二月，晨起践严霜”的滋味，煞是有趣。二、想到辛稼轩的词起“易水萧萧西风冷，满座衣冠似雪”。我这番到欧洲去，大有田畦似雪，送我远行的意思。人生辛苦原不是求生，只是求一个最好的死法，趣味都在这里边哩！

过了天津下雪很大，直到济南才不下了，过了徐州又是大雨。浦口渡江时风雪极大，心中不免感念生了许多。

过江后看见山色都是青的，很像北方的春天。遍眼的水田，煞是可爱，我羡慕得了不得。将来若能找个地方躬耕，享受青山绿水的滋味，唱个山歌也可以当哭泣。但学力恐怕

---

* 此为作者1919年末赴欧洲留学途中写给新潮社同人的信。——编者注

做不到这一步！这是自己的不济了！

钟山积雪望之欣极。南京一带的山都是白头翁，好看极了。

直到了上海还是下雨。多谢“自然”先生送些很好的景致给我看！

自然的美引人，凭我盲想，有三层：形态的美引人的文学思想；组织的美引人的科学思想；意义的美又常助人宗教或哲学思想的发达。

自然的美，固因时因地而为浅深不同的表现。但极枯薄的地方，也有美的境界。江北一带，荒芜无人烟，山是秃的，地是卤的，但其中动人处很不少。我们但觉得一种舒放爽展的心理，和一种对于枯槁的同情，被他们引诱出来。

我觉得中国文人只是在良辰美景上用工夫，是由于不知道不良辰的良、不美景的美，这是他感情浅薄处。

到了上海为船票，忙个要死。朱少屏先生，并寰球中国学生会的诸位招待很周到。他说：大学的朋友出洋时，有事托他，他极愿帮忙。

在上海住的时间很暂，没得什么益处。但见四马路一带的“野鸡”，不止可以骇然，简直可以痛哭一场。社会组织不良，才有这样的怪现状；“如得其情，则哀矜而勿喜”！

我觉得上海有一股绝大的臭气，便是“好摹仿”。请看上海话里，一切名词多是摹仿的。不直陈其事，而曲为形容，拿甲来替代乙，拿丙来比喻丁，其结果无非令人肉麻罢了。至于行动的摹仿，更不要说。从摹仿“仓圣”，以至于模仿“洋崽子”，虽等差不同，要都是摹仿。良家妇女摹仿妓女的衣服，良家子弟再摹仿良家妇女的衣服，或竟直接摹仿妓女的衣服。

白情有句话很好，“上海人不管容受什么，都和流行病一般”。我想所以事事成流行病的缘故，有两层：了解不了，抵挡不住。

漂亮是误人的渊薮，因为它是油滑浮浅漂流的根源。我平日常想漂亮是糊涂的别名，时髦是发昏的绰号。

写到这里，已十点钟了，我须得睡觉去了。明天船到槟榔屿，还要上岸去耍耍。

弟　斯年

1月19日

（原载1920年5月1日《新潮》第二卷第四号“通信”栏，无标题）

青年的两件事业

——孟真寄自伦敦

昨天是五月初四。回想去年到现在，已经一整年了。追虑起来，千头万绪，所以有些坐不宁静，和两位朋友——一位是刘半农先生——跑到里去濛公园，无聊了一阵。回来还是不宁静，想了许多，今天把一小部可以写下的写下。

青年以外的中国人是靠不住的了，但现在青年，将来又是怎么样？天地间的事，本来不能突然变质的，我们一方受遗传的支配，一方受环境的包围，但凡科学的公例不虚，自然有很大的危险在前面。

社会是个人造成的，个人的内心就是一个小社会。所以改造社会的方法，第一步是改造自己。

人的精神的小大，简直没有法子量去；以强意志炼它，它就可以光焰万丈，所以看来好像不济的人，未尝不有成就惊天的事业的可能；不炼它，它会枯死，所以清风亮节的人，常常不生产一点东西。

所以我对于青年人的要求，只是找难题目，先去改造自己。这自然不是人生的究竟，不过发轫必须在这个地方。若把这发轫的地方无端越过去，后来就有貌似的成就，也未必倚赖得过。

所以总而言之，统而言之，以坚强的意志，去战胜对境的艰难；就是没有艰难的对境，也要另找艰难的对境，决不可以趋避的方法，去躲对境的艰难；就是有不艰难的对境，不要就此苟且下去。

看看民国的先烈，做的是些什么事？革命时候，是怎样牺牲？革命以前是怎样牺牲？但结果造就出来的怎么样？这是一个这样的民国！但这一个民国的代价，已经如许之大了。那些先烈的行事，从现在想来，真是可望不可即了。请问现在这个时候，向我们青年所要求的事业，是否和"这样的民国"的分量相等？恐怕要重无数倍吧？但请问这个时候的青年，和那个时候的青年努力的分量差多少？事业加重了，努力也要加重的。

那个时候的事业是什么？是革索虏的命。现在的事业是什么？是无中生有的造社会。这两件事的难易可以不假思索而下一判断的。

但所谓无中生有的造社会，看来好像一句很奇怪的话。我须加以解说。请问中国有没有社会？假使中国有社会，决不会社会一声不响，听政府胡为，等学生出来号呼。假使中国有社会，决不会没有舆论去监督政府。假使中国有社会，决不会糟到这个样子。中国只有个人，有一堆的人，而无社会，无有组织的社会（去年《新潮》一卷二号里，我有一篇文，论这件事）①。所以到现在不论什么事，都觉得无从办起。

但中国今日何以竟成没有社会的状态？难道中国这个民族就是一个没有组织力的民族吗？我们就历史上看起，这也有个缘故。当年中国政治的组织，中心于专制的朝廷；而文化的组织，中心于科举，一切社会都受这两件事的支配。在这两件事下面，组织力只能发展到这个地步。专制是和社会力不能并存的，所以专制存在一天，必尽力破坏社会力。科举更可使人任思想上不为组织力的要求，也不能为组织力的要求，所以造成现在这个一团散沙的状态。我们请想想这个状态，真是根深蒂固的了，自然改他是难的。但在这个时代能不改他吗？

无中生有的去替中国造有组织的社会，是青年的第一事业。

所谓造有组织的社会，一面是养成"社会的责任心"，一面是"个人间的粘结性"，养成对于公众的情义与见识与担当。总而言之，先作零零碎碎的新团结，在这新团结中，试验

---

① 即《社会——群众》，见本书第七页。——编者注

社会的伦理，就以这社会的伦理，去粘这散了板的中华民国。

但我们在这个世界上，并不仅仅是一国的人，这是世界中的市民。在现在的时代论来，世界的团结，还要以民族为单位。所以我们对于公众的责任是两面的，一面是一国的市民，一面是世界的市民。上说的一件事业，是实行前一项责任的，还有后一项，下文说出。

几百年或千年后的究竟，或者“世界共和国”的组成，不以民族为单位。但现在还只能有以民族为单位的世界运动。这一类的事业，现在有两个趋势，甲是国际联盟，乙是社会主义者之国际会。这两项比较一看，我们决不能以甲种趋向为满足。平情而论，甲种趋向，若能成功时，我们已经算“慰情聊胜于无”了。但无论如何，是不能彻底的。

国际联盟仍不免一大部分是国际政府联盟的意味。若各国政府多数是吃人的，则一群吃人的人的联合自然免不了有几分野兽气。但现在政府不吃人的有几个呢？就以山东问题立论，我们相信要交提国际联盟，所以然者，一则任这边的□国派和那边的误国派作弄，是再要糟也没有了。但有方法，就比这好。二则我们本在德约上不签字的，决不能不顾人格。三则山东问题却是世界的问题，自然要请世界解决。四则国际联盟就是不彻底，它的人格在比较上也要比这边的□国派和那边的误国派高万倍，我们比较的相信得过。

但这些都是一个问题的根据，都是政策上的根据，不是谋国际上彻底平和的根据。我们从国际联盟的组织上看起，可以断定它不是能担任实行威尔逊十四条的。但这十四条所差欠者还多。这些不过是国际上的保障，并不是民族间的互助。

我们相信世界上是一个大共和国，所以凡有关于人道的事，范围难限于一地，也要互助的实行他去。凡有害于人道的事，范围难限于一地，也要互助的避免他去。积极方面的力量是合作，消极方面的力量是总同盟□□。

但实行这些宗旨，非有有组织的团结不可，所以第二国际虽死了，非有第三国际不可。第三国际虽独调，而不能得大家之加入，非有第四第五接连下去做不可。我们相信人道已是觉明的了。这个事业后来必能成就。

但未来的这样的国际建设，不是凭空成就的。必须有极长的预备。先是民族上的了解，然后生民族上的感情，然后可以有国民间的事业，然后可以谋一致的共同目的，而采取互相照应的手段。最后的成就，乃是国民的大组织。

请看欧洲各国的民族间运动，真令我们起敬。最长于这事的是斯拉夫人（这半由于他们国内的空气不好，所以跑去国外谋事业，这是战后的情形），而其他民族对此也很有效力，如上月日内瓦所开的国际退伍兵会议、英德法奥等等对敌的国民，讨论于一堂，而表示反对战争的宣言。这宗忘仇相亲的举动，就是在事业上直接成就的极少，而在精神上也大可感动人类，使人道觉明早几天了。

日本人对于国际间的事业是很注意的，社会党的国际会议，他们没有一次不出席。但请问中国人怎么样？现在致力于国际间的事业的人，只有李石曾先生等几个人有成绩！这真是我们民族的羞耻。难道我们永远自外吗？世界上有人为实行人道的布置我们还要自外，岂不是自绝于人道吗？

以上的两件事：内里人和人粘着，就是造社会；外边这国人和那国人粘着，就是造国际间的事业；是青年人的两件事业。除此也没有别的事业。

这两件事又缓又费力，但天地间的大成就没有不有大代价的。

青年以外的中国人，是没办法的了，因为我们专寻不费力的事去做，所以渐渐苟且、下流不知所归了。所以青年更要费力做去的。此前有些名词上的歧义，每因不费力的缘故而生，是要注意的。现在举两个：

一是“民族自决”。我们听到威尔逊的十四条有这一项，以为真是世界光明的日子到了！谁知后来一大失望。欧洲的民族怨恨这个，有的可说，因为他们再三去自决，而被强盗阻止了。至于中国，何尝去自决去呢？中国人心里的自决，

乃是别人替你自决，不蒙其害，坐享其成，这正是“被决”哩！像爱威尔人近来的表示，乃是真自决。

二是群众运动。群众运动是民治国家所刻刻不可少的。一年以来，一组社会上稍须有点责任心，何尝不是群众运动的成绩？但若因群众运动之故忘了个人运动，虽能为一时“疾风摧劲草”的效力而不能保社会之久不腐败，所以群众运动必伴着个人运动，才显精神，若个人运动消灭，最便于滥竽者之心理。我所谓个人运动，积极方面是个人事业的砥码，消极方面是个人的牺牲。

写这篇东西时，说不出心里有多少头绪，越想越难过。“书不尽言，言不尽意”。

（原载1920年7月3—5日《晨报》，署名孟真）

附录

先伯孟真先生的日常生活

傅乐成

我的伯父孟真先生不幸于本月二十日去世，知与不知，皆为痛悼。现在我谨将先伯近两年来的生活情形，作个简略叙述。虽然所说的是些生活的细枝末节，但可使关心他的人更能明了他的为人；同时也借以表示我对他老人家的一点哀思。

抗战以前，在北平及南京，我和伯父同住在一起有两三年之久。那时服务于教育界的人，还能称得起为“小资产阶级”，生活相当舒适。不过抗战以后，便转了个大弯。在重庆时，穷到每餐只吃一盘“藤藤菜”，有时还喝稀饭。那时正是对日作战局势艰危的时候，他还须为国事忧愁忙碌。那种穷、愁、忙的生活环境，使他的黑发突然变成全白，而“血压高”的病，也在那时发生。这病紧紧追随着他，至今已十年了。他慨叹地对友人说：“我是从少年突然进入老年的。”

自去年一月他来台湾后，生活的刻苦，一如往昔。除了宿舍与交通工具由学校供给外，他和伯母的每月收入，都用在吃饭上。碰到急用，就得借钱。有时得点稿费，便大逛书店，买一堆书回来。总之，他经常是囊空如洗的。某个月底的一天早晨，我正在房中看报，听见伯父在卧室中对伯母说："有钱吗？拿拾块来。"伯母说："我只剩几块钱了，还得买菜。"伯父说："那就算了。"过了一会，又听到伯母问他："到底要不要？我好去想办法。"我在校中偶对同事提起此事，同事皆为之叹息。谁能想到他们会为拾块钱去"想办法"呢？前些时他为《大陆杂志》写了一篇文章，得稿费七百元，预备请我们吃顿烤牛肉，剩下的钱做条棉裤。可怜棉裤还未做成，他已撒手而去。然而有谁能想到他会卖文章来做棉裤呢？他对这种清苦的生活，总是安之如素，我从未见他向人哭穷过。记得在南京将要动身来台之时，他曾对我说："今后不要再想以往的生活，我们到台湾后，要准备过苦工甚至奴隶的生活！"伯父是怀着做苦工做奴隶的决心来台湾的，所以他对自己的生活，并未感到不满。相反的，却时常为别人的生活而着急。他竭力设法帮助清寒的员生，不断替人家找工作。常听他说，某某人家口太多，如何得了。又常常在吃饭时说："学生们的菜，是一碗清水煮萝卜，怎么够营养！"有次他到学生食堂去参观，看到有位学生在吃牛油，便连忙劝那位学生分给大家吃。他屡次要把家中每月剩余的米和煤送给学生食堂，总因为数过少，没有好意思送去。一次有人告诉他某人有西装数十套。他说："一个人有五套衣服，就足够了，我真不明白要这么多的衣服做什么用？"又有人告诉他某人极有钱，他说："既然这么有钱，为什么不捐出来？"诸如此类的话，有时会令闻者失笑。我的伯父极端痛恨世界上贫富不均的现象，这一点是大家知道的。

他经常每日在校办公六个小时以上，一进办公室，便无一分钟的休息，有时还须参加校外的集会。他对校务，几乎是无事不做。校长办公室的秘书那先生，住在我家中，时常被半夜里叫起来处理校务。这种办法，平时即连家中人都不大赞成。他那希望台大赶快办好的意念，竟使他坐卧不安。他在家中，一有闲暇，多半是看书或写文章。有时用怪腔调哼诗词，声震全室，我的伯母常常学他以为乐。有时在吃饭时独自微笑，用手在桌上写字，家中人看见了却不以为奇。有时高兴，便把我叫去问些问题，如答不出，先责备一番，如"糊涂"之类之话，再继之以讲解。有天晚上，伯父把我和那秘书叫去，首先问我："你懂得相对论吗？"我胡乱答了几句，他连连摇头，大笑不止。又问那，那说："我从未想过这种问题。"他于是乎便对我们大讲起相对论来，讲了数十分钟，问我们懂了没有，我们齐声说懂了。其实恰恰相反，心中不禁暗笑。但伯父脸上已露出满意的神色。如今已无人再来经常地问我问题，而我恐怕从此真要"糊涂"下去了。

两年以来，他大概看过电影和京剧各一二次。他经常的娱乐，便是下象棋。技术虽不精，却是个棋迷，台大的杨司机便是他的惟一棋友。二人下得起劲时，“跳马”“出车”与棋盘砰砰之声，不绝于耳。有时他还在住宅附近的街上，与“摆棋式”的对垒，自然是损兵折将而还。此外他颇喜欢逛旧书店，台北的旧书店老板，多半与他熟识。他每“逛”必“买”，甚至于“赊”，总不空手而回。我伯母养的几只猫也是他解闷的对象，时常抱着它们向它们讲话。有一天他指着怀中的黄花肥猫对我们说：“在我们家中，它是第一胖，我只能算第二。”引得大家发笑。除了这三件事是他闲暇中的娱乐外，所有的时间，是紧张而严肃的。他从未在晚十二点以前休息，一两点就寝是常事，第二天早晨不到八点钟便起来。午觉并不常睡，偶隔三两天，在饭后听到他在房中鼾声大作，便知他是疲倦已极，正在寻觅片刻的休息了。

晚饭以后，正是他与我们谈论天下大事的时候。每值局势不利，他木然而坐，问半天才答一句话。近来局面开朗便笑口常开，有时会自动说出些好消息来。他不肯在“国家”危难之时，离开台湾跑到安全的地方去。去年，他到机场送一位亲戚赴美，临别时那位亲戚随便地对他说：“希望不久能在美国相见。”他立刻正色答道：“我要留在台湾，我是绝对不到美国去的。”弄得这位亲戚很难为情。今年“韩战”爆发不久，他对那秘书说："前些时局势非常可虑，不过我还镇定，我准备必要时一瓶安眠药作个结束。"所幸至今已经有了转机。

关于他的病，三十年在重庆时曾一度危殆，此后病魔一直缠绕着他。他平常只以不吃盐和肉来作抵制，他每餐只吃点不放盐的青菜和米饭，有时还吃些凤梨或柿子。可是这办法不能彻底实行，一来因为校内及校外的集会太多，二来这种淡而无味的食品也实在难以下咽。因此在家中吃饭时，筷子常会伸到我们的菜碗里来，有时还背了伯母去到街上吃馄饨或包子。他平常向不量血压，因怕得知病情后而妨碍工作，他为工作把病撇在脑后。今年春天，血压突然增高，医生亲友无不劝他作长期的休养，但他不听。夏天他又患胆石症，稍见痊愈，便又办起公来。最近因钱教务长赴法，使他更为忙碌。在他去世的前几天的一个晚上，他与杨司机下棋，对杨说："我做校长将近两年，也该休息了。"谁知竟成谶语。我们也料想到他会因忙碌而有这么一天的，但没有想到竟是这么的快。

穷、忙、愁、病四字，可作伯父近两年也是近十年来的生活写照，但我相信他不会感到丝毫委屈，因为他从来是为国家而忘掉自己的。所遗憾者，恐怕只是与他辛营的学校以及数千亲爱的同事同学分别得太仓促了吧！至于他对子侄辈的慈祥爱护，思之令人心痛。十年飘零，每逢绝境，都是伯父拯救了我。如今也不必说什么感恩报德的话，我只希望今后能遵照他的意志效法他的为人而活下去。我的伯母，是一位方正睿智而有能力的人，我相信，任何艰险我们都能克服的。伯父！您放心地休息吧！

1950年

（原载王大鹏编著：《百年国士》，商务印书馆，2010年）

图书在版编目 (CIP) 数据

傅斯年札记 / 傅斯年著；张昌华编．— 北京：商务印书馆，2019
（流金文丛）
ISBN 978-7-100-17257-8

Ⅰ．①傅… Ⅱ．①傅… ②张… Ⅲ．①傅斯年（1896–1950）—文集 Ⅳ．① C52

中国版本图书馆 CIP 数据核字（2019）第 060230 号

流金文丛
傅斯年札记
傅斯年 著　张昌华 编

商 务 印 书 馆 出 版
（北京王府井大街 36 号 邮政编码 100710）
商 务 印 书 馆 发 行
南京鸿图印务有限公司印刷
ISBN 978-7-100-17257-8

2019 年 5 月第 1 版　　开本 787 × 1092 1/32
2019 年 5 月第 1 次印刷　　印张 10½

定价：49.00 元